블렌디드 러닝을 위한 MS팀즈와 메타버스 활용

최경식 지음

최경식

목원대학교 교수

서울대학교 수학교육과 졸업
목원대학교 대학원 수학과 졸업(기하학 전공, 이학석사)
한국교원대학교 대학원 과학교육과 졸업(통합과학교육 전공, 교육학박사)

논문으로는 "예비교사의 TPACK 평가틀 개발과 TPACK 발달 저해 요인 분석", "STEAM practices to explore ancient architectures" 등이 있음

저서
 지오지브라 바이블, 실버만 복소해석학, 지오지브라와 함께하는 기초미적분학
 지오지브라 공학수학, 지오지브라를 활용한 모델 중심 학습, 메타버스에서의 수학적 경험등 다수

블렌디드 러닝을 위한 MS 팀즈와 메타버스 활용

초판발행	2023년 6월 15일
저 자	최경식
펴낸곳	지오북스
등 록	2016년 3월 7일 제395-2016-000014호
전 화	02)381-0706 / 팩 스 02)371-0706
이메일	emotion-books@naver.com
홈페이지	www.geobooks.co.kr

ISBN 979-11-91346-64-0
값 12,000원

이 책은 저작권법으로 보호받는 저작물입니다.
이 책의 내용을 전부 또는 일부를 무단으로 전재하거나 복제할 수 없습니다.
파본이나 잘못된 책은 바꿔드립니다.

머리말

최근 원격수업의 보편화가 빠른 속도로 이루어졌다. 특히 2022년에는 많은 대학에서 대면 수업을 운영하였으나 교수자에 따라 원격수업의 형태를 병행한 블렌디드(Blended) 강의가 이루어졌다.

원격교육은 동기식 원격교육(Synchronous Distance Education)과 비동기식 원격교육(Asynchronous Distance Education)으로 나눌 수 있다. 동기식 원격교육을 위해서는 마이크로소프트의 팀즈(Teams)나 줌(Zoom)에서 제공하는 실시간 화상 회의 플랫폼이 활용된다. 비동기식 원격교육을 위해서는 LMS(Learning management system)나 MOOC, OCW가 활용되고 있다.

이때 MOOC나 OCW에서 제공되는 콘텐츠는 학습자에게 제공되기 전에 사전 촬영된 영상물로 교수자가 강의를 녹화하는 과정에서 Edu-Tech 소프트웨어를 능숙하게 다룰 필요는 없다. 이는 영상 촬영의 결과물이 학습자에게 제공되기 전 검토 과정을 거쳐 수정되기 때문이다. 그러나 팀즈나 메타버스와 같은 다양한 Edu-Tech 환경을 활용하여 이루어지는 원격수업은 교수자가 해당 소프트웨어를 얼마나 능숙하게 다룰 수 있는가에 따라 질적으로 영향을 받는다. 따라서 교수자는 원격수업 환경에 익숙하지 않은 학습자에게 소프트웨어 활용 방법까지도 제시하여, 교수자와 학습자의 의사소통이 원활하도록 하는 역량을 갖추는 것이 필요하다.

현재 원격수업을 운영하려는 교수자는 동기식(실시간) 교육, 비동기식(비실시간) 교육을 위해서 Edu-Tech를 활용하는 역량을 갖추는데 많은 어려움을 겪고 있다. 이에 이 책에서는 팀즈, 메타버스와 같은 Edu-Tech를 활용한 강의 운영에 필요한 내용을 교수자의 테크놀로지 활용 역량인 TPACK의 발달 단계에 따라 제시하였다.

이 책이 Edu-Tech를 활용하여 강의를 진행하려는 교수자들에게 도움이 되기를 바란다.

2023년 5월 12일

최 경 식

차 례

1	블렌디드 러닝과 플립러닝	1
2	테크놀로지 활용 교수자 역량	5
3	TPACK 단계와 Edu-Tech 활용	11
4	MS 팀즈의 강의 지원 기능(1단계)	23
5	MS 팀즈의 실습 지원 기능(2단계)	35
6	MS 팀즈의 탐구 지원 기능(3,4단계)	41
7	메타버스의 강의 지원 기능(1단계)	51
8	메타버스의 실습 지원 기능(2단계)	59
9	메타버스의 탐구 지원 기능(3,4단계)	65

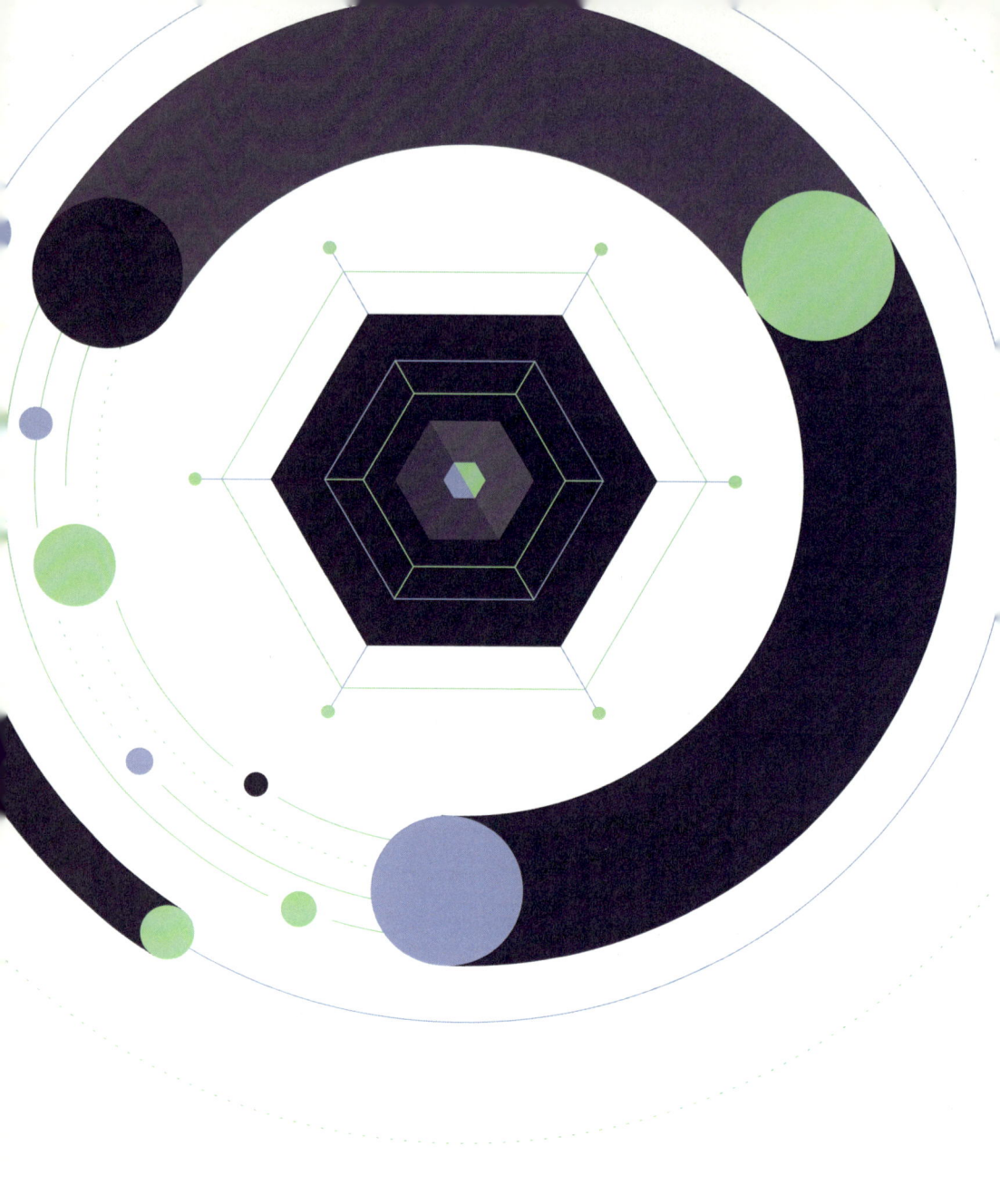

1

블렌디드 러닝과 플립러닝

블렌디드 러닝

블렌디드 러닝은 전통적인 대면 강의와 Edu-Tech 활용의 장점을 결합하여 학습 효과를 극대화하기 위한 전략이다. 블렌디드 러닝을 위해서는 대면과 비대면 교육 환경의 결합, 학습 목표, 학습 방법, 학습 시간과 공간, 학습 활동, 학습 매체, 상호작용 방식 등 다양한 학습 요소를 고려해야 한다. 교수자가 블렌디드 러닝을 자신의 강의에서 구현하는 경우, Edu-Tech를 활용하여 다양한 상호작용적 자료를 제시할 수 있으며, 학습자의 수준을 판별하고 그에 맞춤형으로 강의를 진행할 수 있다.

원격 강의를 진행하는지 부분적으로 진행하는지에 따라 비대면 원격 강의와 블렌디드 러닝으로 분류할 수 있으며, 블렌디드 러닝은 혼합 방식(Mixed mode)과 보조 방식(Adjunct mode)으로 세분할 수 있다.

혼합 방식은 대면과 비대면을 절충하는 강의 형태로 수직형과 수평형으로 세분할 수 있다. 수직형은 강의 범위를 분할하여 대면과 비대면으로 운영하는

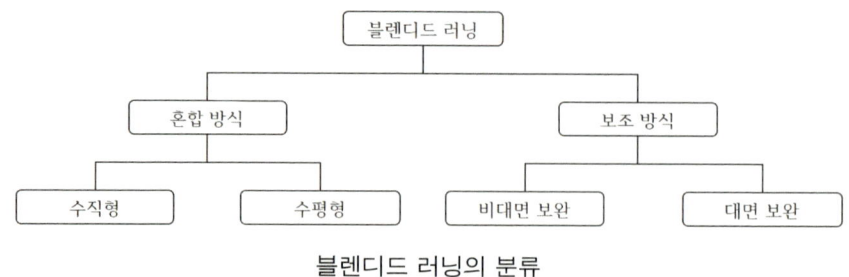

블렌디드 러닝의 분류

것으로 15주의 강의를 대면 7주, 비대면 6주로 분할하여 운영하는 것이다. 수평형은 모든 정규 강의를 대면과 비대면으로 분할하여 운영하는 것으로, 3학점 강의의 경우 2시간은 대면, 1시간은 비대면 강의로 운영하는 것이다.

보조 방식은 비대면 보완과 대면 보완으로 세분할 수 있다. 비대면 보완은 정규 교수학습 활동을 대면으로 운영하고 Edu-Tech를 활용하여 학습자와의 상호작용을 비대면으로 운영하는 형태이다. 이와는 달리 대면 보완은 정규 교수학습 활동을 비대면으로 운영하고, 비대면 원격 강의의 부족한 점을 대면 강의로 보완하는 것이다. 비대면 보완의 경우에는 대학에서 진행되는 일반적인 대면 강의에서 적용이 가능하며, 대면 보완의 경우에는 원격 대학원 등에서 적용이 가능하다.

플립러닝

플립러닝은 블렌디드 러닝의 한 방법으로 교사가 교실에서 가르쳐야 할 개념을 사전에 영상 강의로 제작하여 학습자들에게 정규 강의 전에 학습하도록 하는 교수학습 방법이다. 플립러닝에서 내용 학습은 영상 강의로, 토론이나 활동은 정규 강의에서 이루어지는 것이 일반적이다. 플립러닝은 학습자의 수준에 따라 학습이 가능하고 정규 강의에서 내용을 다시 학습하거나 다양한 실습을 수행할 수 있다(도미나, 김정렬, 2019).

플립러닝과 블렌디드 러닝은 대면(실시간 화상 강의 포함) 및 비대면 교수학습을 동시에 활용한다는 측면에서 공통점을 갖는다. 그러나 플립러닝에서 비대면 교수학습은 대면 강의를 위한 사전 학습으로 이루어지는 것이며, 블렌

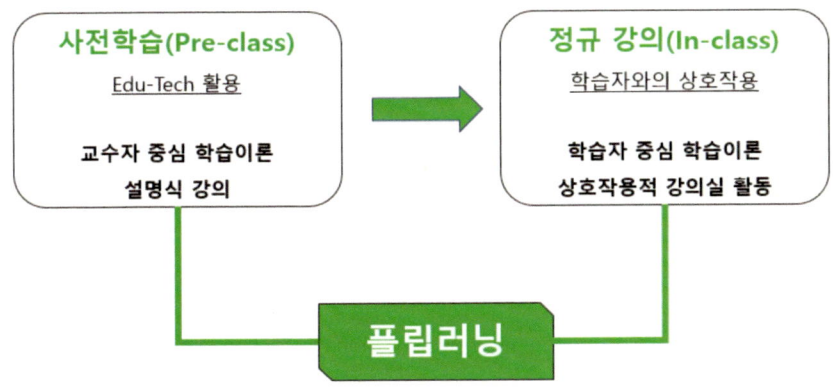

플립러닝의 교수학습 모형

디드 학습에서 비대면 교수학습은 대면 교수학습과는 별도로 운영될 수 있다는 점에서 차이가 있다.

   플립러닝은 비대면 보완 방식과 유사하다고도 볼 수도 있다. 그러나 플립러닝 교수학습은 비대면 영상 강의를 통한 내용 전달이 아닌, 강의 시간에 학습자들이 다양한 토론과 활동에 참여하는 데 초점이 있다.

   플립러닝에 유용한 교수학습 활동은 상호 질의응답이 이루어지는 토론 활동, 동료학습을 통한 문제 해결, 콘텐츠와 아이디어 탐구, 학습자 협력 콘텐츠 제작 등이다. 플립러닝에서 유용하지 않은 교수학습 활동은 교수자의 일방적 강의, 단순 지식 전달, 장기간의 도제식 학습이다. 즉, 플립러닝에서 제공되는 Edu-Tech 활용 교수학습은 학습자 참여를 위하여 보완적으로 제공되는 것이지, Edu-Tech 활용 교수학습이 주된 강의 형태로 이루어지면 적절하지 않다는 것을 의미한다. 플립러닝의 교수학습을 설계 및 구현하면 다음 그림과 같다.

분석 ↓	요구분석 · 교육목표분석 · 학습자-교수자 분석 · 내용 분석 · 환경 분석	
설계 ↓	강의 전체 수준 · 교과목 개요 설계 · 교수전략 수립(Pre/In-class 시간, 활동 설계) · 기존 원격강의 콘텐츠(MOOC, OCW 등) 검색	개별 강의 수준 · 주차별 강의 계획 수립 · Pre-class 학습내용, 학습활동, 평가방법 설계 · In-class 학습내용, 학습활동, 평가방법 설계 · Post-class 학습활동 및 평가방법 설계
개발 ↓	비대면 강의 · 교수-학습자료 개발 · 강의 촬영 및 콘텐츠 제작 · 강의 파일 및 자료 편집	대면 강의 · 교수-학습자료 개발 · 활동지, 퀴즈 개발
실행 ↓	**Pre-class** · 출발점 행동 진단 · 수업자료(동영상) 제공: LMS 활용 · 개별질문 접수	**In-class** · 사전학습확인: Quiz(10-15분) · 학습자 질문 답변 · 보충 & 심화 : 소강의 · 학습내용적용: 연습문제풀이, 팀프로젝트, 토론활동 등 · 주별 학습정리 · 다음 차시 사전 지식 등	**Post-class** · In-class 수업내용 정리 · 학습활동 정리 및 공유 · 학습자 성찰활동 · 퀴즈 및 시험문항 답변 등
평가	· 학습성과 달성도 분석 · 교수자 자기 평가 · 학생 만족도 평가 · CQI 작성(교과목 포트폴리오)	

플립러닝 교수학습 설계 과정 사례

2

테크놀로지 활용 교수자 역량

이 장에서는 테크놀로지 활용 교수자 역량 발달을 위한 다양한 내용을 소개한다.

TPACK(Technological pedagogical and content knowledge)

TPACK이란 Edu-Tech를 도입하여 효과적인 교육을 수행하기 위하여 Shulman(1986, 1987)의 PCK(Pedagogical Content Knowledge)를 기반으로 Koehler와 Mishra(2005)가 제안하였다(Mishra & Koehler, 2006b). TPACK은 그림과 같이 테크놀로지 지식(TK; Technological Knowledge), 내용 지식(CK; Content Knowledge), 교육학적 지식(PK; Pedagogical Knowledge) 사이의 복잡한 상호작용을 교수자들이 이해하고 교육적 활동에 적용하는 역량에 대한 틀이다(Koehler et al., 2004; Mishra & Koehler, 2006a, 2006b).

    TPACK의 구조는 매우 복잡하다. PK, CK, TK의 영역이 상호작용을 거치면서 PCK, TCK, TPK, TPACK으로 발전하기 때문에 여러 요소에 대한

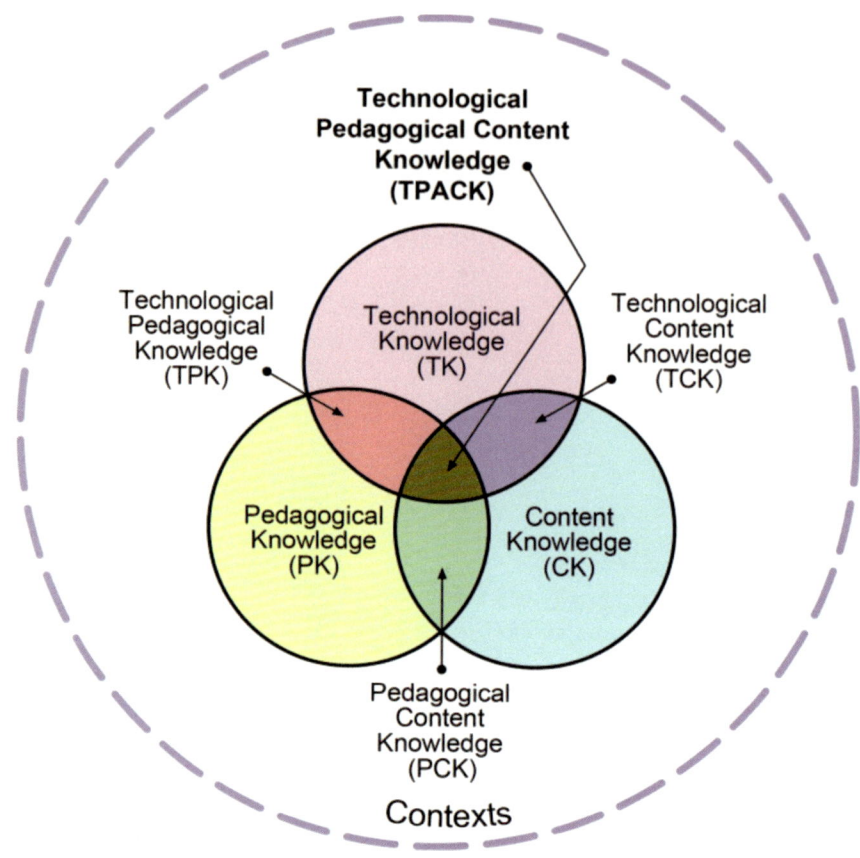

TPACK 프레임워크의 구성요소(http://tpack.org)

정교한 이해가 필요하다. 또한 최근에는 "지식으로서의 TPACK"보다는 "실천적 역량으로서의 TPACK"을 추구하는 방향으로 발전하고 있다.

교육에 Edu-Tech를 도입하여 교육적 효과를 기대하기 위해서는, 교수자의 TPACK 역량 발달이 필수적이다(Carr et al., 1998; Koehler & Mishra, 2005; Koehler, Shin, & Mishra, 2012). 특히, 교육 현장에 Edu-Tech를 도입하였는가보다, 교수자에 의해 Edu-Tech가 어떤 "교육적 문맥"에서 활용되었는가 하는 것이 더 중요하다(Ertmer & Ottenbreit-Leftwich, 2010; Koehler & Mishra, 2005).

도구

대상을 인식하고, 적절한 표현(코드, 수식 등)을 입력하여 대상을 구현하는 과정에 있어 컴퓨터는 매우 유용한 도구가 될 수 있다. 이때 동일한 컴퓨터 프로그램을 도구로 사용한다고 해도 개인이 가지는 '도구'로써 의미는 다를 수 있다. Verillon & Rabardel(1995)는 도구가 그 자체로 의미를 갖지 않으며, 연장과 같은 인공물(Artifact)을 선정하여 자신의 탐구 활동 안에 통합시켜 사용할 때 가치 있는 도구가 된다고 하였다. 즉 도구는 물질적인 연장과 구별되며 심리적인 구성물로써 의미가 있는 것이다.

모델링을 수행하는 과정에서 학습자는 모델링 행위를 매개할 수 있는 인공물을 사용하며, 그 인공물이 도구가 되도록 시도한다. 이처럼 사용자가 인공물과 상호작용하며 인공물을 도구로 통합시키는 과정을 도구 발생(Instrumental genesis)이라 한다(Artigue, 2001). Artigue(2001)는 도구 발생의 유형을 도구 조정화(Instrumentation)와 도구 전용화(Instumentalization)로 세분하였다. 그림과 같이 도구 조정화 과정은 인공물이 가진 제약과 가능성이 사용자에게 영향을 주는 것이며, 도구 전용화는 사용자의 지식으로 인공물의 사용 방법을 이해한 후, 그 인공물의 의미를 새로이 형성하는 과정이다. 이 과정을 거쳐 도구는 사용자와 상호작용하며 학습자의 탐구 활동에 기여한다(이재원, 노태희, 이선경, 2017).

양방향성을 가진 도구 발생은 인공물 사용을 위한 기술적 기능 숙달, 학습자의 이해와 통찰, 주어진 과제 유형을 해결하기 위해 인공물을 효율적으로 사용하도록 하는 정신적 스킴(Scheme)을 의미한다. Trouche(2005)는 도구 발생의 결과물을 도구 사용 측면에서 활용 스킴(Utilization scheme)으로 명명하였다. 활용 스킴은 다시 사용 스킴(Utility scheme)과 도구 유발 행위 스킴(Instrumented Action Scheme)으로 구분될 수 있다. Trouche(2005)는 인공물이 사용자 쪽으로 향하는 방향인 도구 조정화의 경우 사용 스킴과 연관되어 있으며, 사용자가 인공물 쪽으로 향하는 방향인 도구 전용화는 도구유발 행위 스킴과 연관된다고 하였다. 사용 스킴은 특정 유형의 문제를 해결하기 위해 인

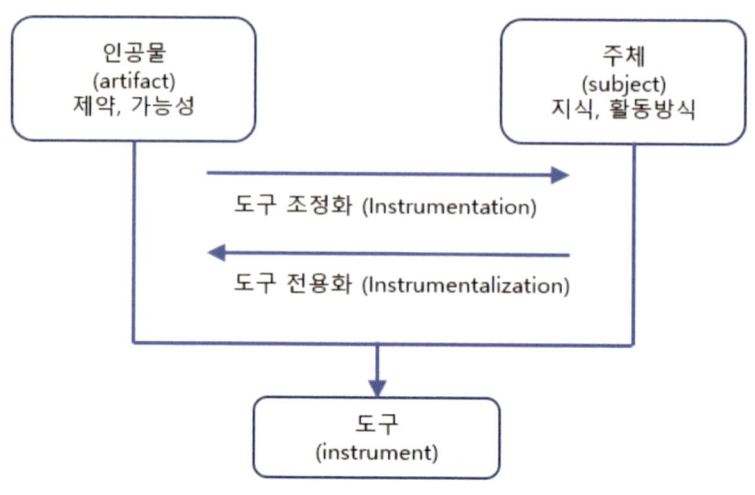

도구 발생의 두 가지 측면(강영란, 2015, p.54)

공물을 활용하기 위한 스킴이며, 도구 유발 행위 스킴은 인공물을 특정 목적에 맞게 조절함으로써 그것의 기능을 변화시키거나 확장하는 스킴이라고 하였다. 따라서 교수자는 학습자가 사용 스킴으로 시작하여 도구 유발 행위 시킴에 이르도록 안내할 필요가 있다.

Edu-Tech 활용 원격 강의에서의 실재감

일반적으로 "원격"은 시간과 공간 가운데 하나라도 결여된 상태를 의미하는 것이다. 예를 들어, 교수자가 학습자에게 강의 영상을 제공하거나 LMS에 과제를 제출하라고 제시하는 것, 실시간 화상 강의를 진행하는 것은 모두 시간 또는 공간의 공유가 일어나지 않는 학습 상황을 의미하는 것이다.

전통적 교육 환경에서는 동일한 시간과 공간을 공유하는 가운데 학습이 이루어졌는데, 이때 자연스럽게 내재된 개념이 실재감이다. 실재감이란 학습자가 교수자와 동일 요소를 공유하고 있다는 심리적 안정감을 의미하는 것이다(Slater & Usoh, 1993). 이와 같은 실재감은 교수 실재감, 인지적 실재감, 사회적 실재감으로 세분할 수 있다.

먼저 교수 실재감은 학습자가 학습하는 환경에 교수자와 함께 있다고 느끼는 것이다. 즉, 교수자가 학습자의 효과적인 학습을 위해 제공하는 교수 전략에 대하여 학습자가 인식하는 것을 의미한다. 교수 실재감을 학습자가 느끼기 위해서는 학습자가 학습 과정에서 자신의 생각을 자연스럽게 표현할 수 있도록 유도하는 것이 필요하다. 학습자의 생각이 드러나면서 자연스럽게 교수자가 개입하여 학습자의 학습을 도울 수 있게 되기 때문이다.

인지적 실재감은 원격강의 환경에서 학습자들이 학습 활동을 통해 학습 내용를 이해하고, 스스로 그 범주에 맞는 지식을 생산할 수 있는 능력에 대한 인식을 의미한다(Kang et al., 2007). 원격강의 환경에서 학습자들은 인지적 실재감을 향상시키는 것에 어려움이 있을 것이 예상되므로 학습자들이 인지적 실재감을 향상시키는 데 도움이 되는 자료를 제공하고, 학습 효능감을 높일 수 있는 과제로 세분하여 제공하며, 탐구를 유도하는 Edu-Tech 활용 교수학습 자료를 제공할 필요가 있다.

사회적 실재감은 원격강의에서 학습자가 다른 학습자의 존재를 인식하고 그들과 소통하고 사회적인 관계를 형성한 것을 느끼는 감정이다. 사회적 실재감의 향상을 위해서는 Edu-Tech를 활용하여 학습자 사이에 상호작용이 이루어질 수 있도록 학습 활동을 설계하는 것이 필요하다.

원격강의라는 한계로 인하여 교수자가 학습자와 시간과 공간을 동시에 공유하지 못하는 상황에서 실험이나 실습을 수행하는 것은 사실 효과적이지 않다. 그러나 점차 다양한 이유로 인해 실험 또는 실습 강의를 원격강의로 운영해야 하는 상황이 나타나고 있다. 이러한 상황에서 원격강의에서 다양한 Edu-Tech를 활용하여 실재감을 부여하는 문제는 대단히 중요하다.

학습 퍼실리테이션

학습 퍼실리테이션은 학습자들이 원하는 목적을 달성할 수 있도록 효과적인 기법과 절차에 따라 적극적인 참여와 상호작용을 촉진, 관리, 지원하는 것이다(한선미, 2017). 즉, 학습자에게 제시한 문제를 효과적으로 해결하는 것을 촉진하기 위하여, 학습자를 격려하고 학습 기회와 자원을 제공하여 목적을 성공적으로 달성하도록 돕는 것이다(백수정, 2013).

학습 퍼실리테이션의 효과성에 대한 여러 선행 연구가 존재한다. 우선 박나리(2014)는 교수자의 퍼실리테이션 유형에 따라 학습자의 학습 만족감에 영향을 준다고 하였다. 또한 웹 기반 프로젝트 학습에서 교수자의 퍼실리테이션을 통한 학습자와의 상호작용은 학습 성과에 많은 영향을 미치는 것으로 나타났다(강명희, 박미순, 정지윤, 2009).

러닝 퍼실리테이션을 위한 강의 설계(김지영, 2020)

학습 퍼실리테이션을 위한 강의 요소는 그림과 같이 다섯 가지 요소로 생각할 수 있다(김지영, 2020). 학습 결과(Destination)에서 학습자에게 최종적으로 어떤 결과를 보여줄지에 대하여 설정한다. 학습 증거(Evidence)에서 성공적인 학습 결과를 판단하기 위한 증거(Evidence)를 설정한다. 학습 경험(Process)에서 학습자에게 어떤 학습 경험이 필요할지에 대하여 고려하는 가운데 학습 경험 디딤돌을 설계한다. 학습 도구(Tools)에서 학습자의 경험을 돕기 위한 도구를 선택한다. 전체 설계도(Handy Map)에서는 전체 학습에서의 경험에 대한 지도를 구상한다.

학습 퍼실리테이션의 관점에서 원격 강좌를 설계할 때 학습 도구를 우선적으로 고려하는 것이 아니라, 학습 결과에 따라서 점차적으로 학습 증거, 학습 경험, 학습 도구 등을 구체화하는 관점은 학습자 중심적 측면에서 큰 의미를 갖는다고 볼 수 있다. 따라서 학습 퍼실리테이션을 위해서는 Edu-Tech에 의존한 강의를 설계하는 것이 아닌, 학습자의 학습 결과를 위해서 학습 도구를 선정하고 전체 학습을 설계하는 것이 필요하다고 볼 수 있다.

3

TPACK 단계와 Edu-Tech 활용

이 장에서는 Edu-Tech 활용과 TPACK 단계의 관련성에 대한 내용을 소개한다.

Edu-Tech

학습에서 활용할 수 있는 소프트웨어 도구는 매우 다양하다. 그림은 각 기능에 따라서 사용될 수 있는 다양한 Edu-Tech 소프트웨어를 보여준다. Edu-Tech 소프트웨어 도구를 활용하는 측면에서 교수자는 초기에 도구의 사용법만을 익히지만, 점차로 도구를 내면화하여 교수학습 과정에 Edu-Tech 소프트웨어를 자신만의 방법으로 활용할 수 있게 된다.

학습자의 경우에 Edu-Tech 소프트웨어를 통해 창의적인 사고를 발휘할 수 있어야 한다. 따라서 교수자는 학습자들이 Edu-Tech 소프트웨어를 충분히 익힐 수 있는 시간과 기회를 제공하여 새로운 의미와 통찰을 경험하도록 하는 것이 필요하다.

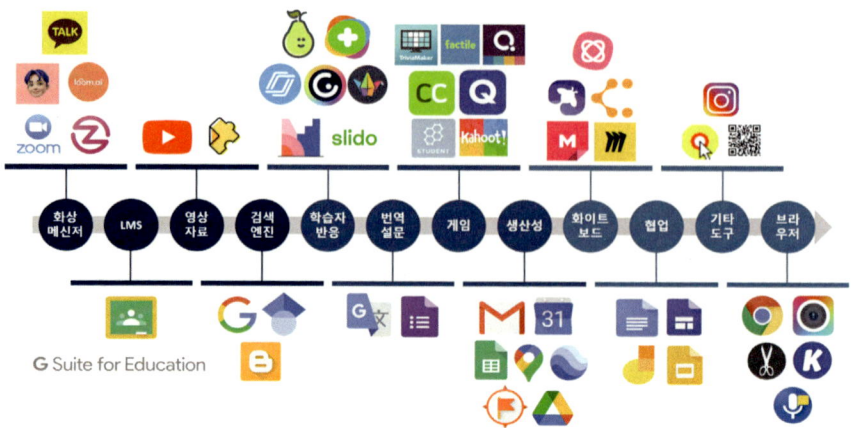

학습을 위해 사용될 수 있는 다양한 Edu-Tech 도구

많은 연구자는 Edu-Tech를 활용한 교수법이 교수자 중심이나 지식 중심의 강의에서 벗어나 학습자 중심의 강의로 변화시키는 데 중요한 역할을 할 것이라고 기대하였다. 예를 들어, Osborne과 Hennessy(2003)는 과학 강의에서 Edu-Tech를 사용하는 것은 학습자들의 반성적 사고능력, 데이터 취급 및 수집 능력뿐 아니라 동기부여와 참여를 이끄는 데 도움을 준다고 주장하였다. 또한 Edu-Tech는 새로운 탐구의 형태를 지원해 줄 잠재적인 학습 도구로 간주되고 있다(Daniel, Douglas, & Roy, 1999).

오늘날 Edu-Tech는 지속적으로 발전하고 있으며, 그에 따라 새로운 표현 방법과 상호작용을 통한 긍정적인 교육 효과를 제안하는 교수법들이 나타나고 있다. 따라서 TPACK 역량을 발달시키고자 하는 교수자들은 Edu-Tech를 자신의 강의에서 적극적으로 적용하는 가운데 자신의 강의를 지속적으로 모니터링하는 노력이 필요하다고 볼 수 있다.

MS 팀즈

Edu-Tech의 하나로 볼 수 있는 MS 팀즈(Microsoft Teams)는 채팅, 원격 화상 수업, 오피스 365 등을 연동할 수 있는 디지털 허브로 교수자와 학습자의 학습 과정을 총체적으로 관리할 수 있는 학습 관리 시스템(LMS; Learning Management System)이다. MS 팀즈는 실시간 화상 플랫폼 및 다양한 앱과 연동이 가능하기에 다른 LMS에 비해 활용도와 확장성이 높다. 대부분의 대학, 학교에서 마이크로소프트의 오피스(Office 365)를 구독하고 있기 때문에 교수자나 학습자 모두 별도의 가입절차 없이 바로 강의에 활용할 수 있다. LMS로서 MS 팀즈의 장점은 다음과 같다(박영민, 박소영, 2020).

① 대부분의 대학에서 구독하고 있는 마이크로소프트 오피스(Office 365) 프로그램(워드, 엑셀, 파워포인트 등)을 MS 팀즈 프로그램 내부에서 생성, 편집, 공유가 가능함

② 다양한 기기에서 MS 팀즈에 접속이 가능하여 학습자의 수업 참여가 용이함

③ 교수자가 과제를 부여하고, 양적, 질적 측면에서 피드백을 제공하기 좋으며, 학습자 역시 자신의 과제 평가에 대하여 확인하고 반영하기 용이함

④ MS 팀즈와 연동된 원노트(Onenote) 수업 전자 필기장에서 개별 과제 수행과 모둠 프로젝트 활동 수행이 가능함

⑤ 원격 화상 수업이 가능하며, 녹화할 경우 자동으로 채팅창으로 녹화 파일이 공유됨

⑥ 타사의 Edu-Tech 도구도 도입이 가능하여 교수자의 수업 특성에 적합하게 시스템을 구성할 수 있음

메타버스

"메타버스"라는 단어는 "초월"이라는 의미의 메타(Meta)와 "우주"라는 의미인 유니버스(Universe)의 합성어이다. 즉, 메타버스(Metaverse)는 "현실을 초월하여 구성된 가상의 세계"를 의미한다.

우리 주변에서 볼 수 있는 다양한 게임이나 증강현실, 가상공간(Virtual Space)은 모두 메타버스라고 볼 수 있다. 또한 현실을 넘어선 가상적 공간과 관련된 어떤 것이라도 메타버스라고 간주할 수 있다.

메타버스의 종류는 매우 다양하지만 크게 몇 가지 유형으로 분류할 수 있다. 일반적으로 메타버스의 대표적인 유형은 증강현실, 라이프로깅, 거울세계, 가상세계의 네 종류이다.

증강현실은 현실 속 공간에 디지털로 구현한 정보나 물체를 입혀 보여주는 것으로 최근에는 여러 앱에서 찾아볼 수 있는 기능이다. 대표적인 사례로는 "포켓몬 고(Pokémon GO)"가 있으며 수학 소프트웨어인 지오지브라(GeoGebra)에도 증강현실(AR) 기능이 탑재되어 있다.

대표적인 증강현실 메타버스인 포켓몬 고(Pokémon GO)

라이프로깅은 현실 속 정보를 디지털로 기록 및 공유하는 메타버스로 다양한 SNS가 그 사례가 된다. 인스타그램(Instagram), 유튜브(Youtube), 페이스북(Facebook) 등이 대표적이다.

거울세계는 실제 세계의 정보를 통합하여 확장시킨 메타버스이다. 대표적인 사례로는 지도 및 관련된 정보를 종합적으로 보여주는 구글 어스(Google Earth)가 있다.

거울세계의 대표적 메타버스인 구글 어스

가상공간은 특정한 현실 속에 존재하는 것과 같은 경험을 제공하는 메타버스이다. 대표적으로는 마인크래프트(Minecraft), 로블록스(Roblox), 제페토(Zepeto), 게더타운(Gathertown), Zep 등이 있다. 또한 교육용 가상공간 플랫폼으로는 코스페이시스 에듀(Cospaces Edu)가 있다. 다음 표는 메타버스의 종류와 정의, 사례를 보여준다.

구분	정의	사례
증강현실	현실 속 공간에 디지털로 구현한 정보나 물체를 입혀 보여주는 메타버스	포켓몬 고, 지오지브라 AR
라이프로깅	현실 속 정보를 디지털로 기록 및 공유하는 메타버스	SNS(인스타그램, 유튜브, 페이스북 등)
거울세계	실제 세계의 정보를 통합하여 확장시킨 메타버스	구글 어스
가상공간	특정한 현실 속에 존재하는 것과 같은 경험을 제공하는 메타버스	마인크래프트, 로블록스, 제페토, 게더타운, Zep, 코스페이시스 에듀

메타버스의 종류

2차원 메타버스인 게더타운의 특징

대표적인 2차원 메타버스인 게더타운은 미국 스타트업인 "게더(Gather)"에서 제작한 클라우드 기반 가상공간 플랫폼으로 사용자는 아바타로 나타나며, 아바타가 서로 만나 대화하고 업무나 학술 활동을 진행하는 것이 가능하다. 2차원 메타버스인 게더타운(Gather.town)은 평면에서 아바타가 걸어다니는 모습을 보여준다. 게더타운의 특징은 다음과 같다.

- 캐릭터(아바타) 사이에 자유로운 화상 대화가 가능하다.
- 다양한 오브젝트를 사용할 수 있다.
- 사용자가 자유롭게 새로운 공간(맵)을 설계할 수 있다.
- 2차원 공간과 캐릭터로 운영되어서 3차원 공간이나 캐릭터보다 피로감이 덜하다.

게더타운의 실행 화면(https://www.gather.town/)

게더타운(Gather.town)과 같은 2차원 메타버스에서 3차원 메타버스와 같은 현실감을 제공하는 것이 어렵다. 그러나 교육이나 실무와 같이 "생산성"을 추구하는 경우에 3차원보다는 2차원 메타버스가 선호되는 경향이 있다.

이는 "실재성"의 관점으로 설명될 수 있다. 교육과 실무에서의 "실재성 결여"는 의사소통, 자료 공유, 업무나 학습 진행의 상황에서 발생한다. 이는 시각적 경험과는 관련성이 적기에 3차원 공간감을 추구해야 할 필요가 없다. 따라서 교육과 실무적 측면에서 3차원 메타버스보다 2차원 메타버스가 더 유용할 수 있다.

우리나라에서 게더타운과 유사한 형태로 개발된 ZEP 메타버스 플랫폼은 게더타운이 제공하는 거의 동일한 기능을 갖추고 있다. 이후에 2차원 메타버스의 기능을 설명하는 과정에서 게더타운과 ZEP을 혼용하여 설명할 것이다.

3차원 메타버스인 코스페이시스 에듀의 특징

대표적인 교육용 3차원 메타버스 가운데 하나인 코스페이시스 에듀(Cospaces Edu)는 독일에서 만들어진 교육용 AR, VR 메타버스이다. 코스페이시스 에듀에서는 3차원 공간을 간편하게 설계할 수 있으며, 다양한 오브젝트, 캐릭터를 활용할 수 있다. 코스페이시스 에듀는 웹, 스마트폰이나 태블릿 앱으로 활용하는 것이 가능하다. 그림은 코스페이시스 에듀의 공식 웹사이트이다. 코스페이시스 에듀(Cospaces Edu) 공식 웹사이트의 [Register] 버튼을 클릭하면 다음과 같은 창이 나타나 가입을 진행할 수 있다.[1]

코스페이시스 에듀의 공식 웹사이트(https://cospaces.io/edu/)

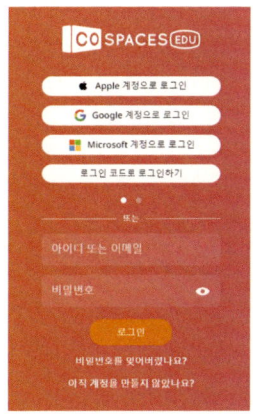

(a) 로그인 버튼 클릭 **(b)** 학생, 선생님 선택 **(c)** 이메일 보내고 확인

코스페이시스 에듀 가입 화면

---

[1] 코스페이시스 에듀(Cospaces Edu)에 로그인하여 화면 왼편 아래에 [프로로 업그레이드 하기]를 클릭한 후 "체험판 활성화하기"를 선택한다. 그 다음 체험판 코드(COSKYEONGSIKCH)를 입력하면 한 달 동안 학습자 100명과 함께 코스페이시스 에듀 프로 계정을 사용할 수 있다.

Edu-Tech 활용 교수자를 위한 TPACK 단계

다음은 Edu-Tech를 활용하려는 교수자를 위한 TPACK 단계를 나타낸 표이다.

TPACK 단계	설명	Niess et al.(2009)	LoTi	TIM
0	교수자가 수업에서 테크놀로지를 사용하지 않거나 이미 보편화된 테크놀로지를 활용하는 경우로 전통적 수업과 구분되지 않는다.	인식	0단계-사용하지 않음	
1	교수자가 교과 내용을 제시하기 위해 테크놀로지를 사용하는 경우로 지식 이해에 중점을 둔다.	수용	1단계-인식 2단계-탐구	진입
2	교수자가 자신의 지시에 따라 학습자에게 테크놀로지를 조작하도록 하는 경우로 학습자의 테크놀로지 활용 경험을 제공하는 것에 중점을 둔다.	적응		채택
3	교수자가 자신의 수업에서 테크놀로지를 적극적으로 도입하여 학습자가 테크놀로지를 활용하여 문제를 탐색 및 해결하도록 안내한다.	탐색	3단계-주입 4a단계-통합(기계적)	적응
4	교수자가 자신의 수업에서 테크놀로지를 적극적으로 도입하고, 학습자로 하여금 자율적으로 탐구 활동을 설계할 수 있도록 학습 문맥 및 관련된 자원을 제공한다.	발전	4b단계-통합(일상적) 5단계-확장 6단계-상세화	주입 변형

Edu-Tech를 활용하려는 교수자를 위한 TPACK 단계

표에서 Niess et al.(2009)의 TPACK 발달 단계, 테크놀로지 구현 단계 (LoTi), 테크놀로지 통합 매트릭스(TIM)에서 제시된 TPACK 발달 단계의 공통 부분을 파악하고 이를 종합하여 TPACK 단계를 도출하고자 하였다.

먼저 0단계는 Niess et al.(2009)의 인식(Recognizing), 테크놀로지 구현 단계(LoTi)의 0단계인 사용하지 않음에 해당하는 것으로, 테크놀로지가 활용되지 않는 경우이며, 테크놀로지에 대한 교수자의 인식 형성만 이루어지는 단계이다.

다음으로 1단계는 Niess et al.(2009)의 수용(Accepting) 단계, 테크놀로지 구현 단계(LoTi)의 1단계인 인식(Awareness), 2단계인 탐구(Exploration) 및 테크놀로지 통합 매트릭스(TIM)에서의 진입(Entry) 단계에 해당하는 것으로, 교수자가 교과 내용을 제시하기 위하여 테크놀로지를 활용하기 시작하며, 교수 학습의 초점이 학습자의 지식 이해에 있는 단계이다.

2단계는 Niess et al.(2009)의 적응(Adapting) 단계, 테크놀로지 통합 매트릭스(TIM)에서의 채택(Adoption) 단계에 해당하는 것으로, 교수자가 테크놀로지를 채택하여 학습자에게 사용하도록 지시하며, 학습자의 테크놀로지 활용 경험을 제공하는 것에 중점을 두는 단계이다.

3단계는 Niess et al.(2009)의 탐색(Exploring) 단계, 테크놀로지 구현 단계(LoTi)의 3단계인 주입(Infusion)과 4a단계인 통합(기계적)(Integration-Mechanical)과 테크놀로지 통합 매트릭스(TIM)의 적응(Adaption) 단계에 해당하는 것으로, 교수자가 자신의 수업에서 테크놀로지를 적극적으로 도입하며, 교수자의 안내 가운데 학습자가 테크놀로지를 활용하여 문제를 탐색 및 해결하는 단계이다.

마지막으로 4단계는 Niess et al.(2009)의 발전(Advancing) 단계와 테크놀로지 통합 수준(LoTi)의 4b단계인 통합(일상적)(Integration-Routine), 5단계인 확장(Expansion), 6단계인 상세화(Refinement), 테크놀로지 통합 매트릭스(TIM)의 주입(Infusion) 단계와 변형(Transformation) 단계에 해당하는 것으로, 교수자가 자신의 수업에서 테크놀로지를 적극적으로 도입하고, 학습자로 하여금 자율적으로 탐구 활동을 설계할 수 있도록 학습 문맥과 관련된 자원을 제공하는 단계이다.

이 책에서는 표에 제시된 TPACK 단계에 따라 Edu-Tech의 관련 내용을 제시하고자 하였다. 예를 들어 TPACK 1단계는 Edu-Tech를 "강의" 형태의 수업에 활용하는 것을 의미하며, 2단계는 학습자의 Edu-Tech를 조작에 초점을 둔 "실습", 3, 4단계는 학습자를 안내하여 Edu-Tech를 활용하여 문제를 해결하도록 하는 "문제 해결"이나 "창조" 형태의 수업에 적합한 Edu-Tech 내용을 제시하였다.

TPACK 단계에 따른 MS 팀즈와 메타버스 기능

LMS(Learning Management System)는 교수자가 학습자의 학습을 지원, 관리할 수 있도록 도움을 주는 시스템이다. 교수자는 LMS에서 강의계획과 강의 활동을 관리할 수 있다. 구체적으로 학습자들이 학습 진행 상황과 과제 수행에 대하여 양적, 질적 피드백을 제공할 수 있으며, 학습자들의 학습에 대한 종합적인 학습 평가 보고서도 작성할 수 있다(박영민, 박소영, 2020). MS 팀즈, 메타버스와 같은 Edu-Tech는 원격교육 상황에서 학습관리시스템(LMS)의 역할 전체 또는 부분을 수행할 수 있다.

그림은 LMS를 활용한 교수학습 설계를 나타낸 것이다. 이때 LMS를 활용한 교수학습은 강의 전(Pre-class), 강의(In-class), 강의 후(Post-class)로 구분할 수 있다. 또한 각각 교수자와 학습자로 구분하여 교수학습 상황에서 필요한 요소를 제시하고 있다.

학습 관리 시스템(LMS) 활용 교수학습 설계

강의 전(Pre-class)		강의(In-class)		강의 후(Post-class)	
교수자	학습자	교수자	학습자	교수자	학습자
강의계획서 안내 사전 과제 제공 사전학습자료 제공	과제 수행 자료 읽기	원격 화상 수업 과제 제공 학습자료 제공 팀별 모둠 과제 출결 관리	수업 참여 과제 수행 자료 읽기(+토론) 팀별 활동	과제 피드백 학습 상황 점검	피드백 확인 학습/과제 수행
게시판				개별 상담	

LMS를 활용한 교수학습 설계(참고: 박영민, 박소영, 2020)

그림에 제시된 강의 전, 강의, 강의 후 활동 가운데 가장 먼저 교수자에게 제공되어야 하는 내용은 "원격 화상 수업"이라고 볼 수 있다. 이는 TPACK 1단계에 해당하는 "강의"를 위하여 Edu-Tech를 사용하는 것이기 때문이다. TPACK 2단계에 해당하는 "실습"을 위해서는 학습자로 하여금 자료를 읽고, 과제를 수행하도록 Edu-Tech 활용을 하는 것이다. TPACK 3,4단계에 해당하는 "문제 해결"이나 "창조"를 위해서는 학습자를 팀으로 구성하여 모둠 과제를 제공하여 팀별 활동을 하고, 학습자가 사전에 수업을 위해 제공된 자료를 읽거나 과제를 미리 수행하는 것, 수업 후에 피드백을 확인하거나 제시된 과제를 수행하도록 Edu-Tech 활용을 하는 것이다. 이와 같은 순서에 따라 MS 팀즈, 메타버스에 대한 Edu-Tech 활용 내용 요소를 다음 표와 같이 제시하였다.

TPACK 단계	Edu-Tech	
	MS 팀즈	메타버스 (게더타운, ZEP, 코스페이시스 에듀)
0		
1	1. 수업 참여자 팀 구성 - 팀 구성 - 팀 구성원(학습자)과 소통 2. 강의형 원격수업 - 원격수업(실시간 화상) 생성 - 모임 공유 및 참가 - 발표자료 화면공유 - 장치 설정 - 모임 녹화 - Reflect - 폼즈(Forms): 형성평가, 설문, 강의 평가	1. 수업 참여자 구성(게더타운, ZEP) - 공간 생성 - 학습자 초대 - 팀 구성원(학습자) 위치 찾기 - 참여자(학습자)와 대화 2. 강의형 원격수업(게더타운, ZEP) - 발표자료 화면공유
2	1. 학생 실습형 원격수업 - 원노트 수업용 전자필기장 - 문서 생성 및 파일 관리 - 과제 - 클라우드 접속	1. 학생 실습형 원격수업(게더타운, ZEP) - 스페이스 맵 편집
3	1. 토론형 원격수업 - 모둠 활동(실시간 화상) - 발표자 자막 - 조별 채널 설정 - 워드, 엑셀, 파워포인트: 프로젝트를 위한 공동 문서 작업	1. 학생 프로젝트형 원격수업(코스페이시스 에듀) - 메타버스와 문학 감상(사례) - 메타버스와 역사-수학 융합(사례)
4	2. MS 팀즈와 써드파티 앱 연동 - 탭 추가 - 화이트보드(Whiteboard) 앱 추가 - PDF 앱 추가 - 웹사이트 앱 추가	

TPACK 단계에 따른 Edu-Tech 활용 교수자 교육프로그램 내용요소

4

MS 팀즈의 강의 지원 기능(1단계)

이 장에서는 MS 팀즈에서 TPACK 1단계에 해당하는 기능을 설명한다.

원격수업(실시간 화상) 생성

① 화면 오른쪽 윗부분에 [모임] 버튼을 클릭하면 "지금 모임 시작"과 "모임 예약" 항목이 나타난다. 강의의 경우 대부분 학기 초에 계획되어 있기 때문에 모임 예약을 선택하는 것이 편하다.

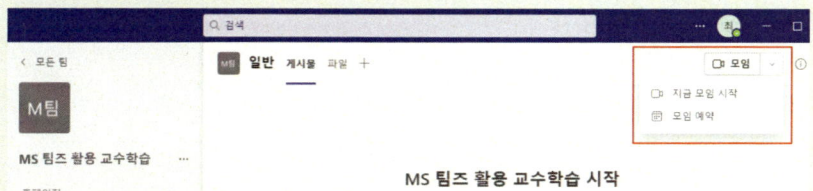

MS 팀즈 활용 교수학습 시작

② 새로운 모임(실시간 화상)을 만들려면 그림과 같은 항목을 입력해야 한다. 이 부분은 큰 어려움 없이 입력할 수 있다. 모두 입력하면 [보내기] 버튼을 클릭한다.

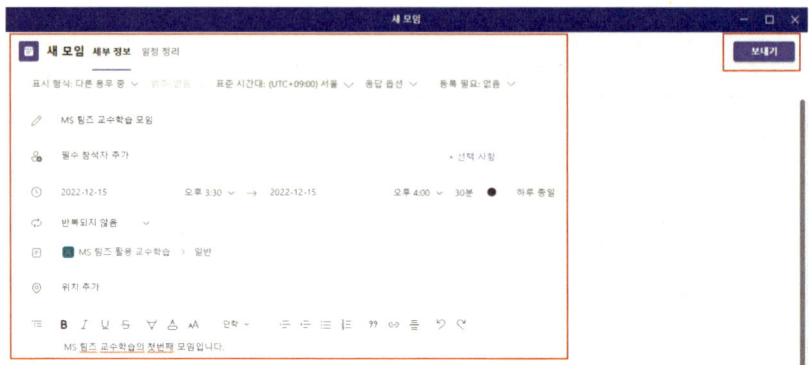

③ 새로운 모임이 만들어지면 자동으로 대화창에 모임에 대한 메시지가 생성되어 안내된다. (이 부분이 팀즈의 장점이다.)

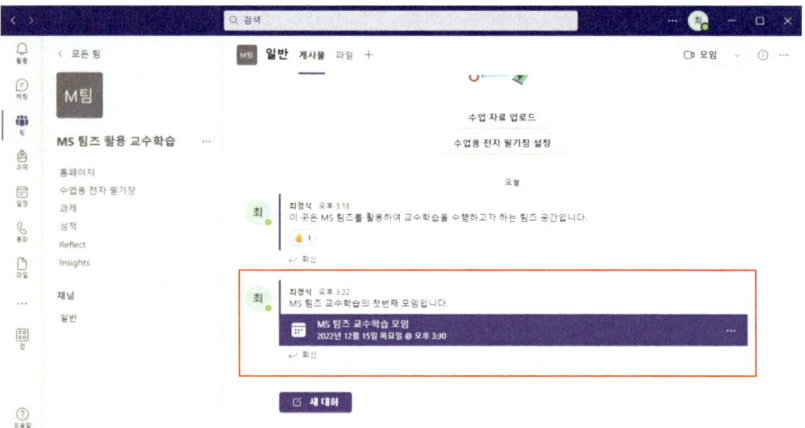

모임 공유 및 참가

① 대화창에 나타난 "모임 안내 메시지"를 클릭하면 다음 화면이 나타난다. 이때 [참가] 버튼을 클릭하면 모임(실시간 화상)에 바로 참여하게 된다. 만일 다른 사람에게 "링크"를 전달하려면 화면의 [링크 복사]를 클릭한다. 자동으로 주소가 복사된다.

② 모임에 참가할 때에는 "오디오, 비디오"를 설정하는 창이 나타난다. 이후에도 설정할 수 있기 때문에 큰 문제가 없으면 [지금 참가] 버튼을 클릭한다.

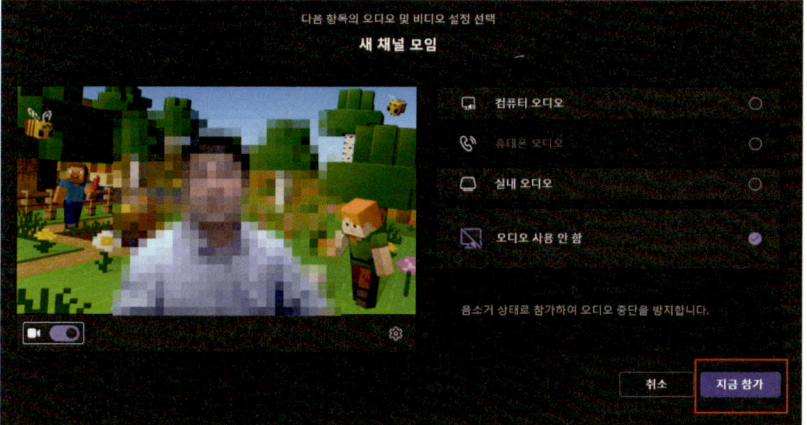

③ 참석자가 늘어날 때마다 화면이 격자로 나타날 것이다. 이는 현재 참석자 설정이 "갤러리"이기 때문이다. 만일 "함께 모드"이면 다른 모습으로 나타난다. (그림은 관람석에 참석자가 함께 앉아있는 설정이다.)

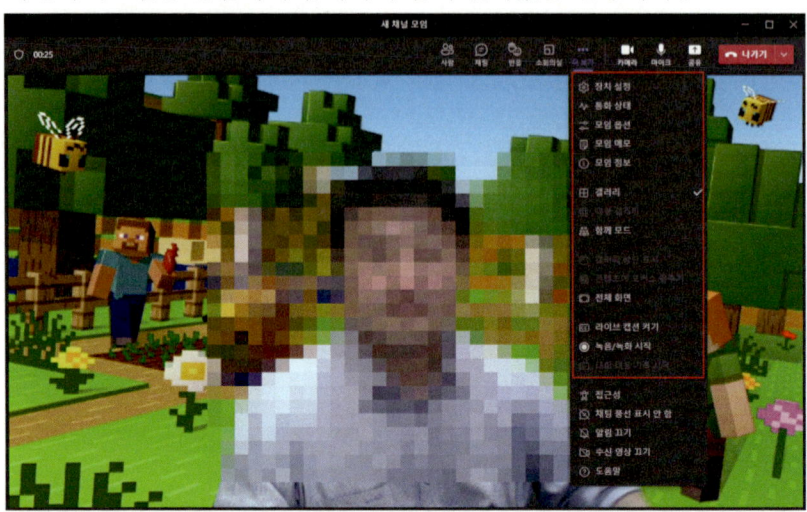

발표자료 화면공유

① 발표자(교수자 또는 발표할 학습자)가 수업의 다른 참여자에게 발표를 하기 위해서는 자료 화면을 공유하는 것이 필요하다. 화면의 [공유] 버튼을 클릭하면 된다.

② 발표 자료에서 나오는 소리를 공유할 때에는 [컴퓨터 소리 포함]을 선택해야 한다. 공유할 화면에 대한 옵션이 나타난다. 적절한 것을 선택하면 된다.

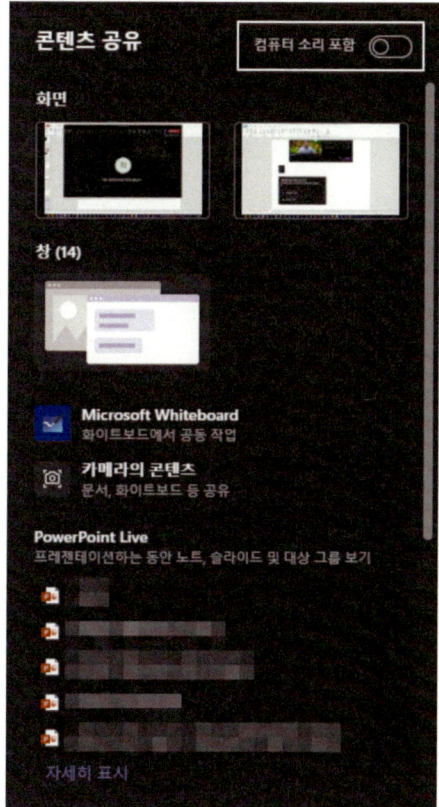

③ 이외에도 Microsoft Whiteboard를 사용하면 화이트보드를 공유하여 공동 편집을 할 수 있다.

④ 파워포인트 자료를 팀즈에서 공유하는 것은 "매우 편리"하다. 파워포인트 위쪽에는 [Teams에서 프리젠테이션] 버튼이 있어서, 이것을 클릭하면 자동으로 파워포인트의 프리젠테이션 화면이 공유된다.

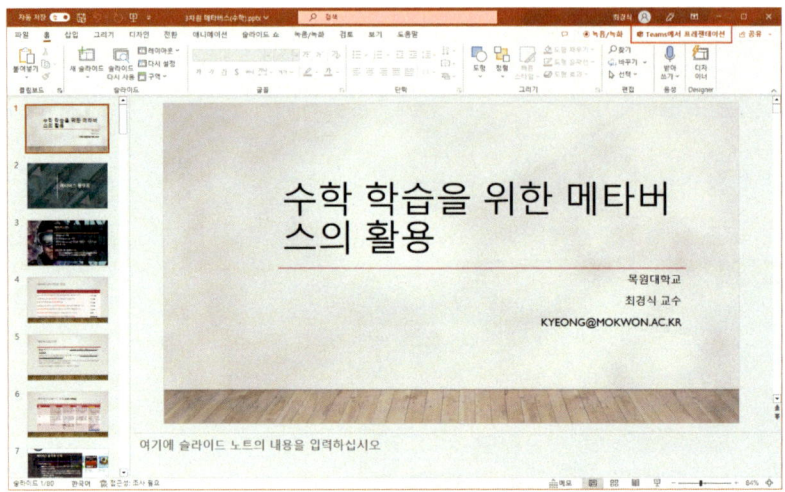

⑤ 파워포인트의 슬라이드는 팀즈 창 안에 나타나기 때문에 다른 프로그램의 실행창이 발표 자료를 방해하지 못한다. 다만, 다른 창을 보여주기 위해서는 다시 [공유] 버튼을 클릭해야 한다.

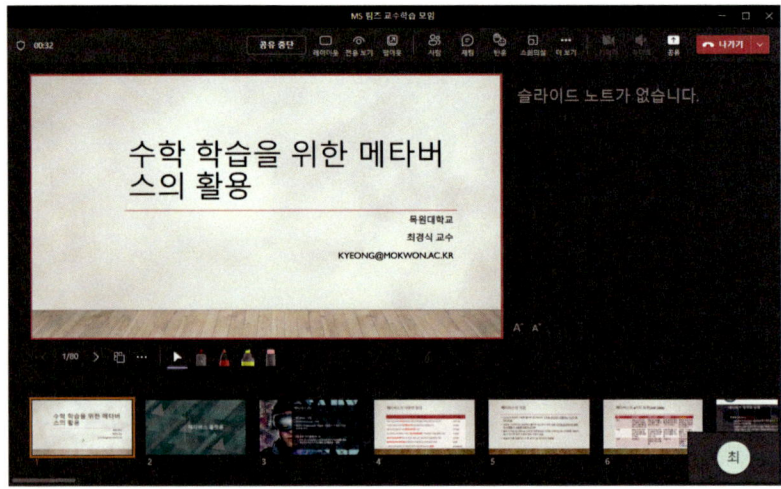

장치 설정

한 대의 컴퓨터에 여러 카메라나 마이크가 연결된 경우, 마이크와 카메라를 원하는 장치로 변경할 필요가 있다.

① [장치 설정]을 클릭하여 나타나는 창은 그림과 같다.

⚙ 장치 설정

② 창에서 마이크와 카메라를 설정할 수 있다.

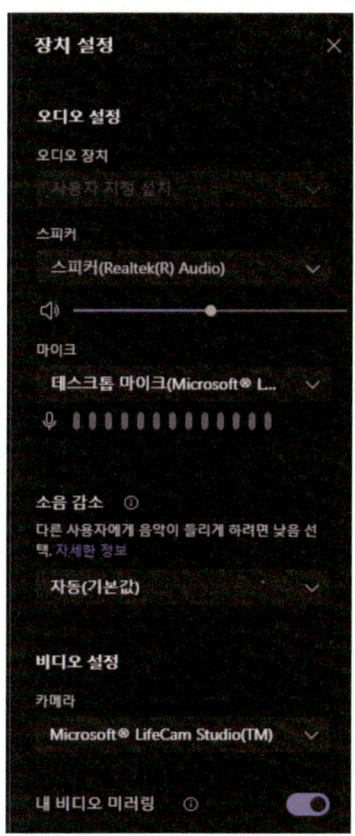

모임 녹화

① 팀의 모임을 녹화하려는 경우, [녹음/녹화 시작] 버튼을 클릭한다.

② 팀즈에서는 모임이 종료되면 자동으로 대화창에 녹화 파일이 업로드된다.

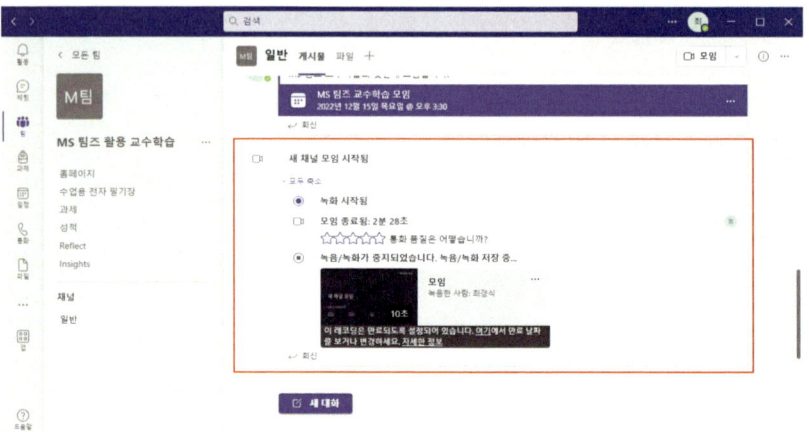

Reflect

① 메뉴에서 [Reflect]를 클릭하면 학생들에게 강의에 대한 반응을 받을 수 있다.

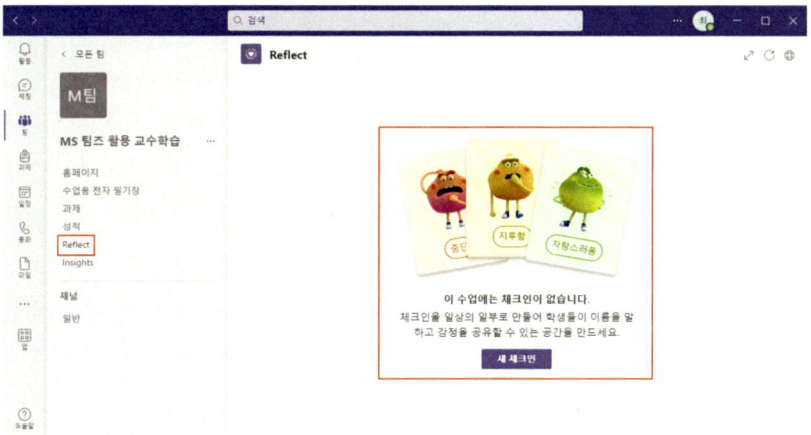

② 예를 들어 "새 체크인" 항목에서는 몇 가지 질문을 제시하고 학생에게 반응을 받도록 안내한다.

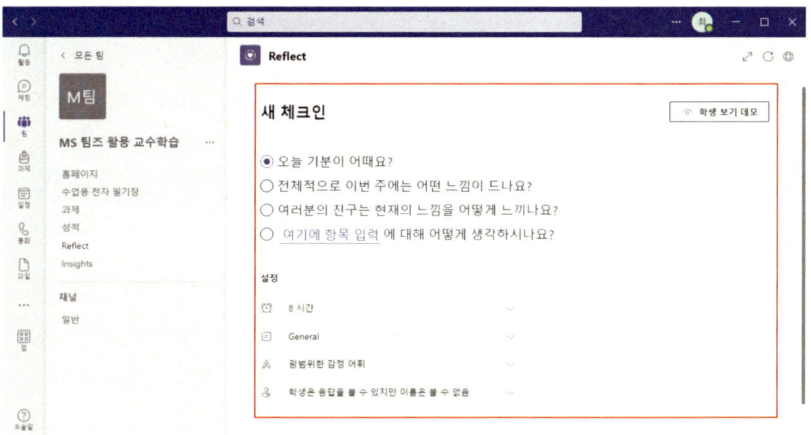

폼즈(Forms): 형성평가, 설문, 강의 평가

폼즈는 웹 기반 설문지이며 퀴즈를 작성하여 학습자를 수시로 평가할 수 있다. 특히 퀴즈의 정답을 미리 입력하면 학습자들을 자동으로 평가할 수 있어서 편리하다. 폼즈에서 설문 또는 퀴즈를 만들고 이를 팀즈에 공유하면 학습자들이 쉽게 응답할 수 있다. 그 결과는 원형 그래프와 엑셀 파일로 나타난다. 다음은 폼즈에서 퀴즈 또는 설문을 개발하는 방법이다.

① 폼즈(Forms) 화면에서 [+ 새 퀴즈] 버튼을 클릭하면 설문이나 퀴즈를 만들 수 있다.

② 제목을 입력하고 선택 항목, 텍스트, 평가, 날짜 등의 항목을 만든다.

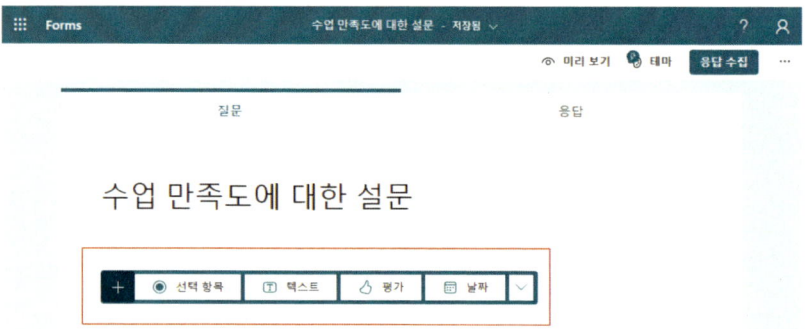

③ 예를 들어 [선택 항목]에서는 질문을 입력하고 선택지를 입력할 수 있다. 이때 선택지 앞에 체크를 하면 이는 "정답"으로 인식되어 학습자의 응답에 따라 즉각 채점된다.

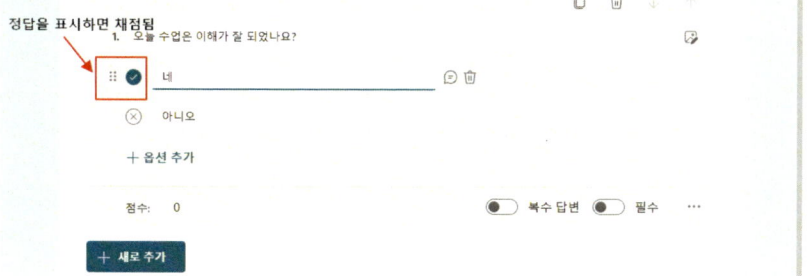

④ 단답형이나 서술형의 답안도 받을 수 있다. 단답형의 경우에는 정답을 입력하여 채점하는 것도 가능하다.

⑤ 문항에 따라 별점을 주도록 할 수도 있다.

⑥ 이외에 리커트(Likert) 척도와 같은 설문 항목도 만드는 것이 가능하다.

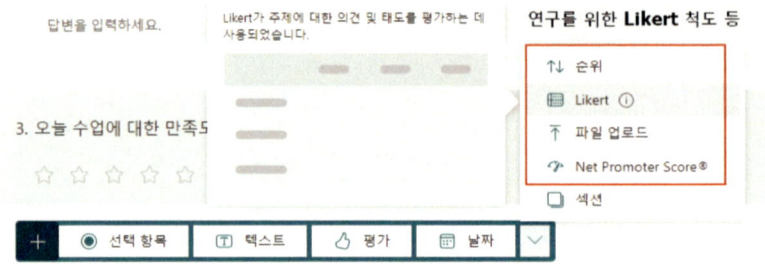

⑦ [응답 수집] 버튼을 클릭하면 퀴즈나 설문을 공유할 수 있다.

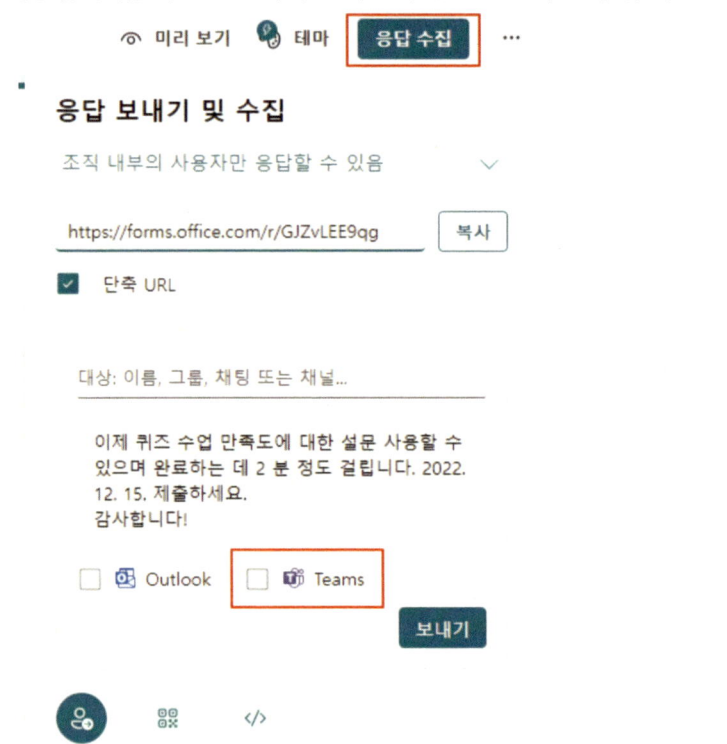

5

MS 팀즈의 실습 지원 기능(2단계)

원노트 수업용 전자필기장

① 메뉴에서 [수업용 전자 필기장]을 클릭하면, 설정 메뉴가 나타난다. (일반적으로 [빈 전자 필기장]을 선택하면 된다.)

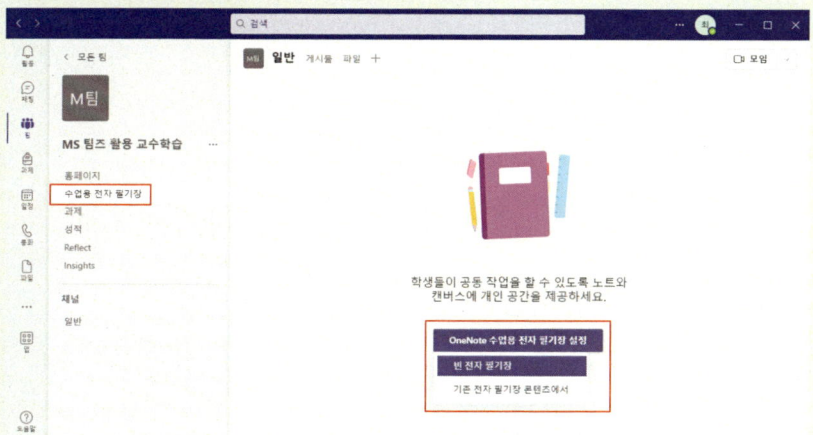

② [빈 전자 필기장]을 클릭하면, 학생들에게 제시되는 전자필기장 양식이 나타난다. 그림에는 유인물, 수업 노트, 과제, 퀴즈로 제시되어 있다. [만들기]를 클릭한다.

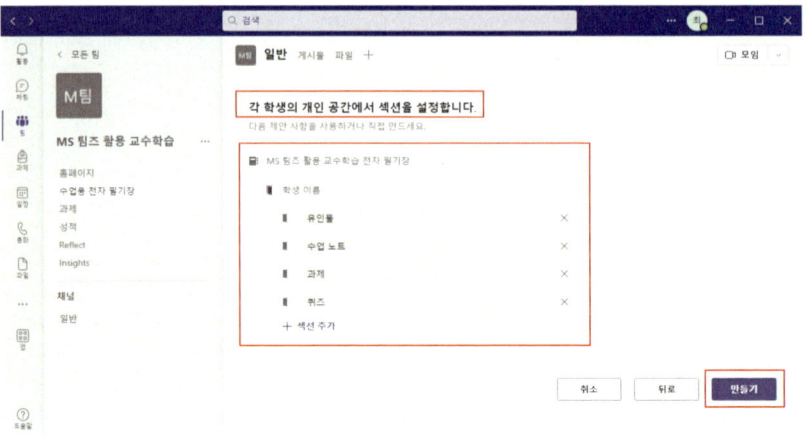

③ 수업용 전자 필기장이 팀즈 화면에서 즉시 나타난다. 이 화면은 원노트 프로그램에서도 동일하다.

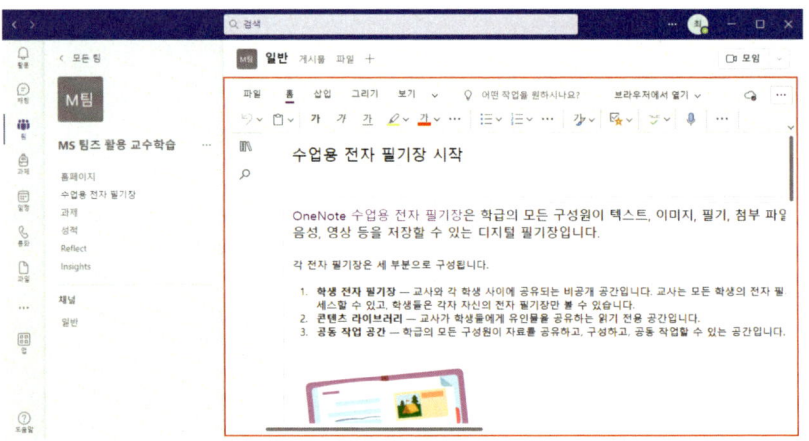

④ 원노트를 실행하고, 해당 노트를 열었을 때의 모습이다. 왼편에 "공동 작업 공간 사용", "교사 전용 공간 사용", "콘텐츠 라이브러리" 항목이 나타나고, 각 항목 안에는 안내문이 들어있다.

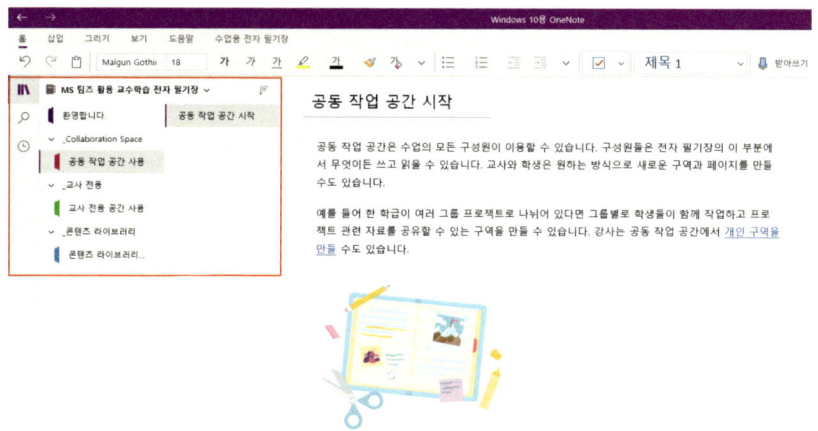

⑤ 예를 들어, "콘텐츠 라이브러리"의 경우에는 교수자만 자료를 저장할 수 있고, 학습자는 그 자료를 읽기만 한다.

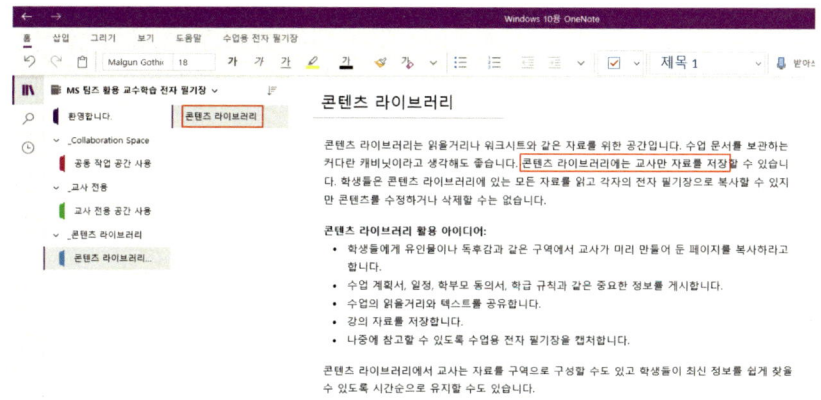

문서 생성 및 파일 관리

① 메뉴에서 [일반]을 클릭하면, "게시물"과 "파일"이 나타난다. "파일"을 클릭한다. [+ 새로 만들기]를 클릭하면 Word, Excel, Powerpoint 등의 다양한 양식의 문서를 생성할 수 있다.

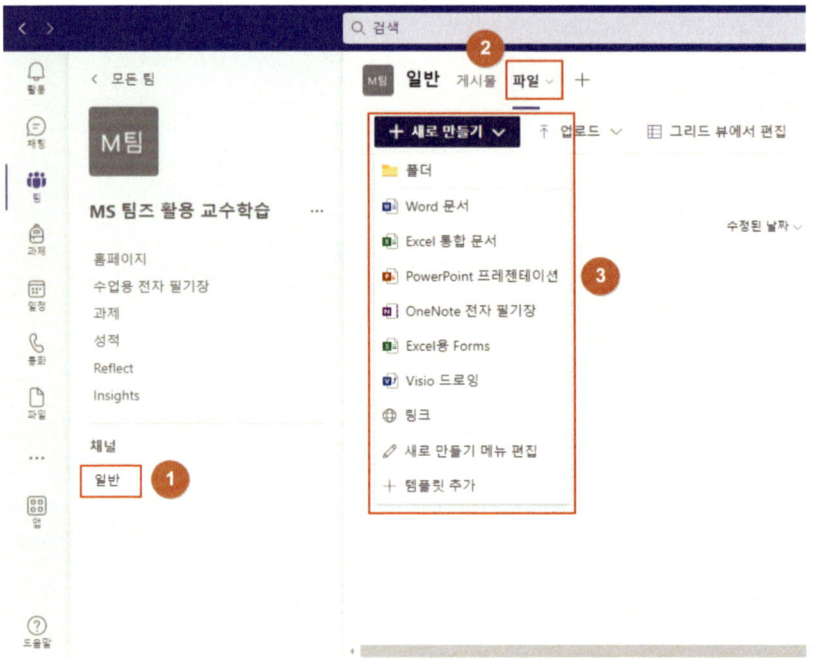

② [업로드]를 클릭하면 파일, 폴더, 템플릿 등을 원드라이브에 업로드할 수 있다.

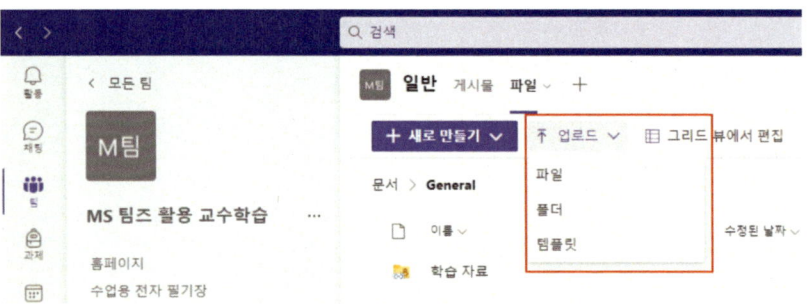

과제

① 메뉴에서 [과제]를 클릭하면 학생들에게 과제, 퀴즈를 제시할 수 있다.

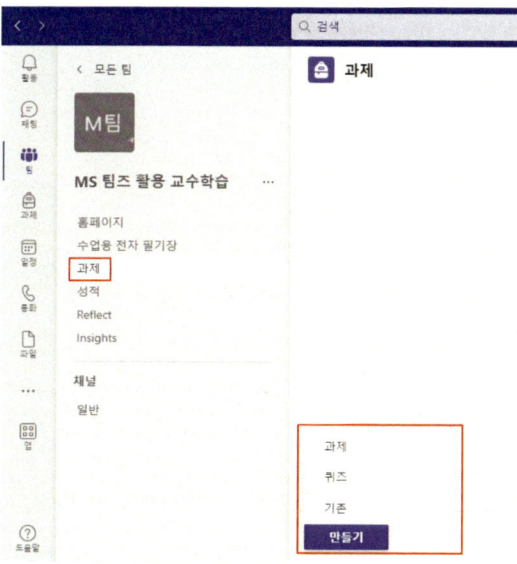

② 과제를 클릭했을 때 "새 과제"를 생성하는 창이 나타난다. "제목", "지침" 등에 내용을 채우고, 점수를 할당할 수도 있다.

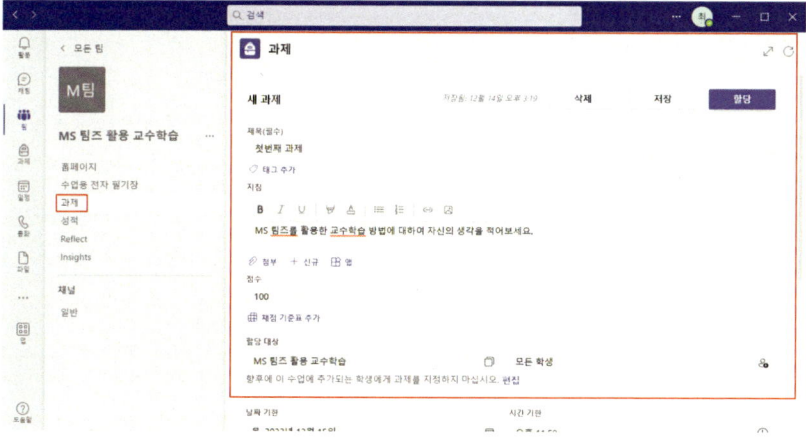

클라우드 접속

① 메뉴에서 원드라이브나 구글드라이브에 직접 접속할 수 있다.

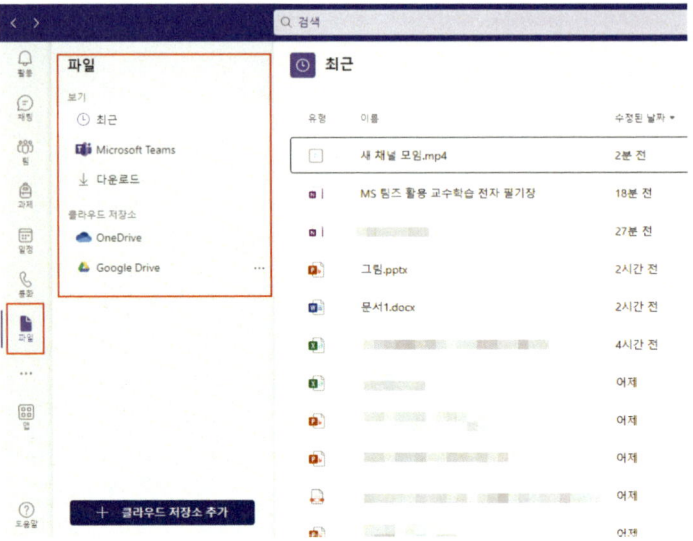

② 대학에서 제공하는 오피스 365는 데스크톱 버전과 온라인 버전의 기본 제공 앱을 활용할 수 있다. 또한 원드라이브에서 1TB의 클라우드 공간을 앱과 연동하여 제공한다. 그림은 원드라이브의 메뉴에서 오피스 365 앱에 해당하는 부분이다.

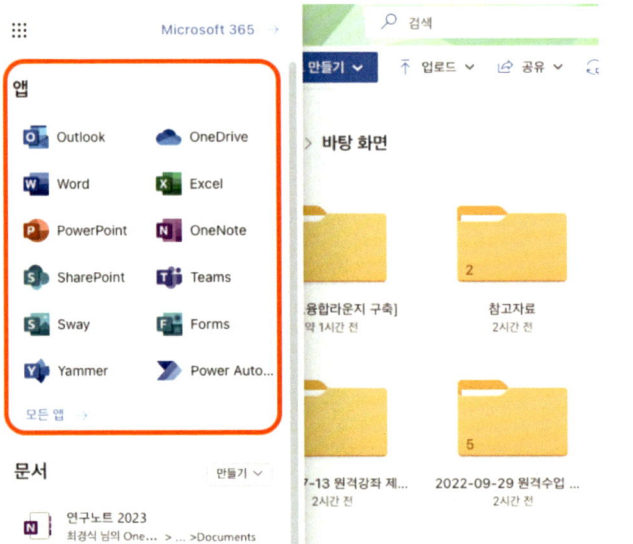

6

MS 팀즈의 탐구 지원 기능(3,4단계)

모둠 활동(실시간 화상)

소회의실 기능은 실시간 화상 수업에서 모둠활동을 위한 방법이다. 소회의실을 생성하려면 화면 상단의 [소회의실] 버튼을 클릭한다.

① 버튼을 클릭하면 나타나는 창에서 "만들 회의실 수"를 선택한다.
② "자동"인지, "수동"인지에 따라 참석자를 소회의실에 배치할 수 있다.
③ [룸 만들기] 버튼을 클릭하면 "소회의실"이 만들어진다.

소규모 회의실 만들기   ✕

만들 회의실 수를 선택합니다.
2   ⌄

참가자 할당
회의실에 사용자를 할당하거나 Teams에서 사용자를 할당하도록 할 수 있습니다.

◉ **자동**
　Teams는 각 회의실에 0명을 할당합니다.

○ **수동으로**
　각 회의실에 할당할 인원을 선택할 수 있습니다.

룸 만들기

발표자 자막

① 팀 내 인원의 언어가 서로 다른 경우, 또는 상황에 따라 발표자의 음성을 들을 수 없는 경우 [라이브 캡션 켜기] 버튼을 클릭한다.

[cc] 라이브 캡션 켜기

② 나타나는 창에서 음성 언어를 설정할 수 있다.

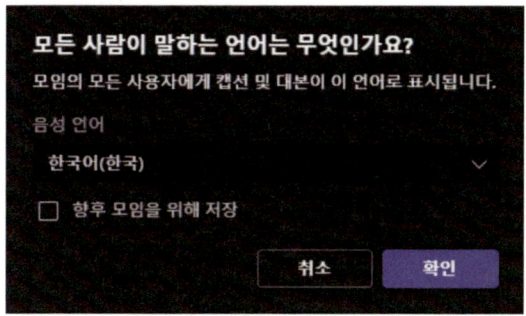

조별 채널 설정

팀즈에서는 전체 채널과 조별 채널을 구분하여 사용할 수 있다. 조별 채널을 비공개로 설정하려면 다음 순서를 따른다.

① 팀명 옆의 메뉴를 클릭하여 [채널 추가]를 클릭한다.

② 채널 이름, 설명을 입력하고, "개인정보처리방침"에서 비공개를 설정하고 팀원을 추가하면 조별로 소통하는 공간을 만들 수 있다.

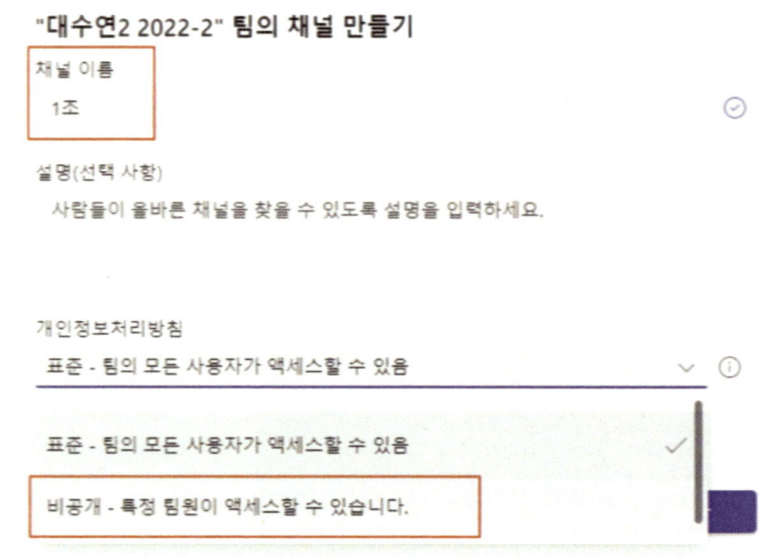

③ 비공개 채널이 그림과 같이 생성되었다.

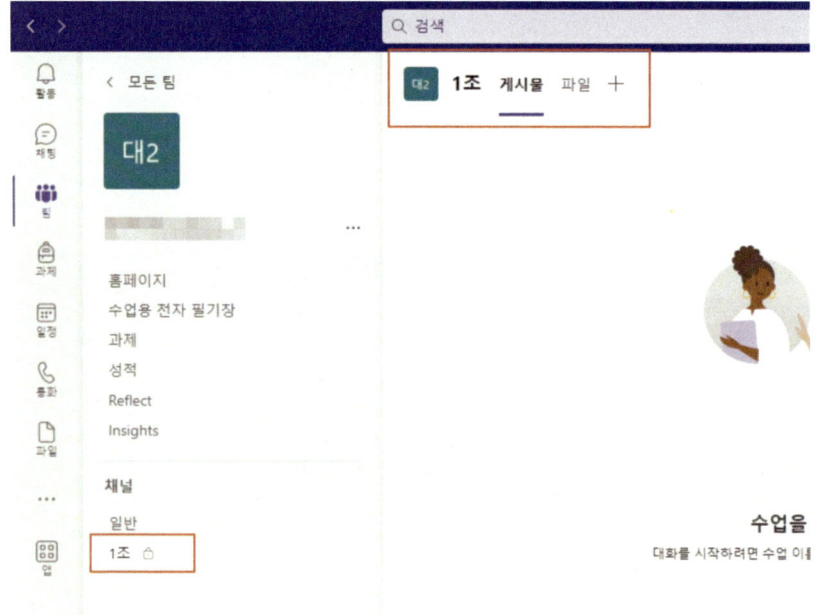

워드, 엑셀, 파워포인트: 프로젝트 공동 문서 작업

오피스 365에서 제공하는 웹 기반 워드, 엑셀, 파워포인트를 활용하면 하나의 문서를 여러 학습자가 동시에 작성할 수 있다. 또한 작업 버전 관리 기능으로 협업한 학습자들의 이력을 확인할 수 있다. 이는 학습자들의 참여도를 평가할 때 유용하다.

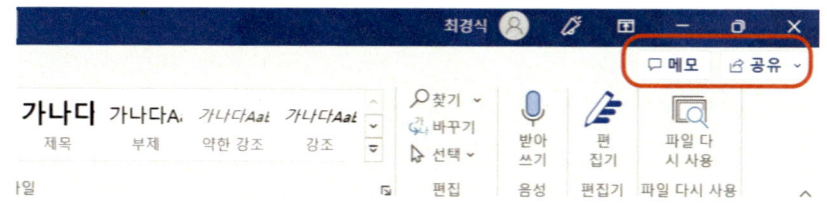

특히 "공유" 버튼을 클릭하면 조직(대학)에 소속된 사람만 볼 수 있는지, 외부에서도 볼 수 있는지와 함께 편집 여부 등도 설정할 수 있다.

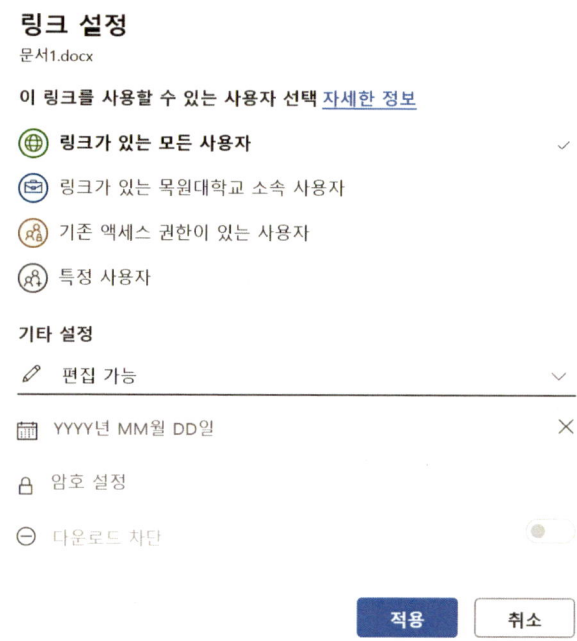

팀즈와 써드파티 앱 연동

탭 추가

① 채널의 [일반]을 클릭하고 [+] 버튼을 클릭하면 탭에 추가할 앱 종류가 나타난다.

② 탭에 추가할 앱은 매우 다양하다.

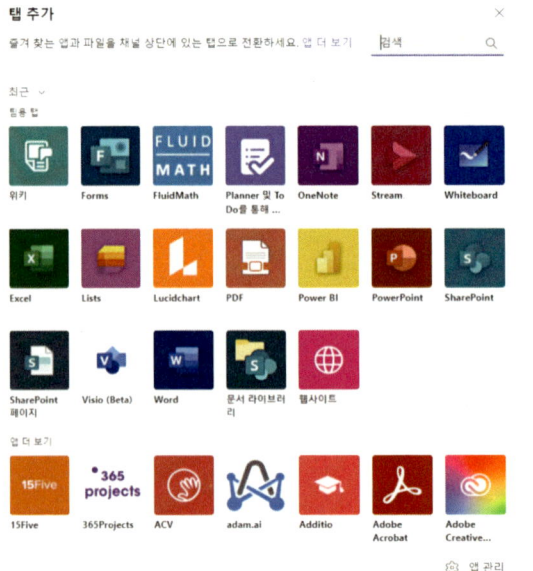

화이트보드(Whiteboard) 앱 추가

① [+] 버튼을 클릭하여 화이트보드(Whiteboard) 앱 아이콘을 클릭한다.

② 나타나는 창에 화이트보드의 이름을 입력하고 [저장]을 클릭한다. 탭에 화이트보드가 생성되었다.

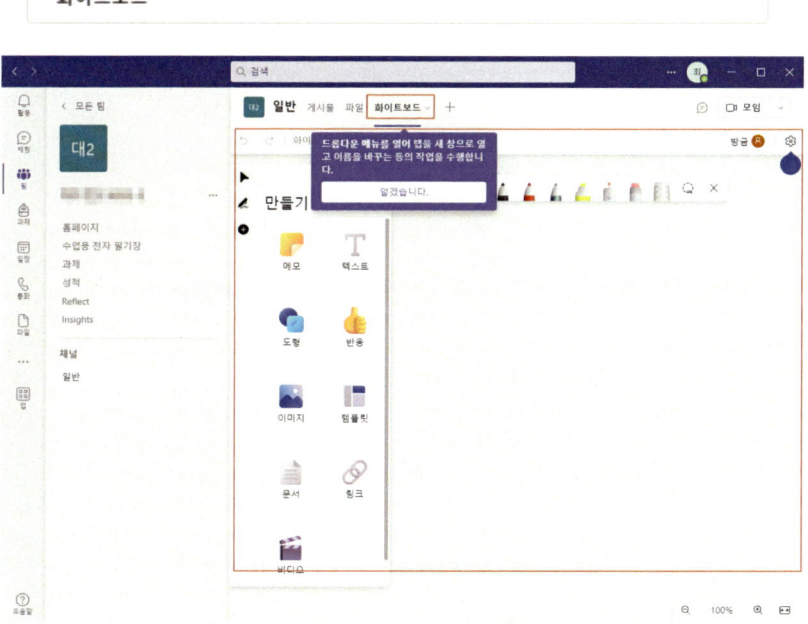

PDF 앱 추가

① [+] 버튼을 클릭하여 PDF 앱 아이콘을 클릭한다.

② 나타나는 창에서 PDF 파일을 선택하고 [저장]을 클릭한다. 탭에 PDF가 게시되었다.

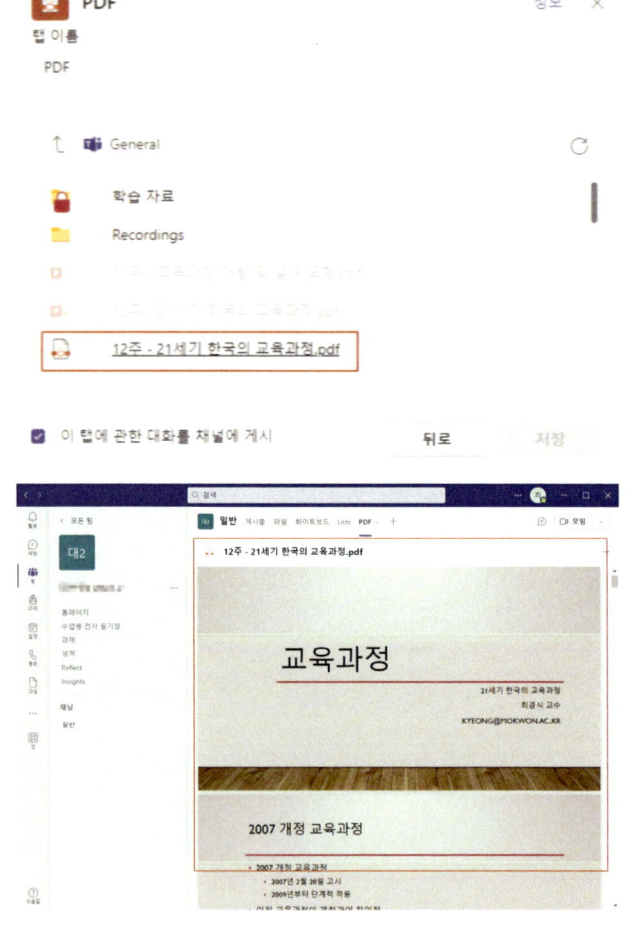

웹사이트 앱 추가

① [+] 버튼을 클릭하여 웹사이트 앱 아이콘을 클릭한다.

② 나타나는 창에서 탭의 이름과 웹사이트 주소를 입력하고 [저장]을 클릭한다. 웹사이트에 해당하는 탭이 생성되었다.

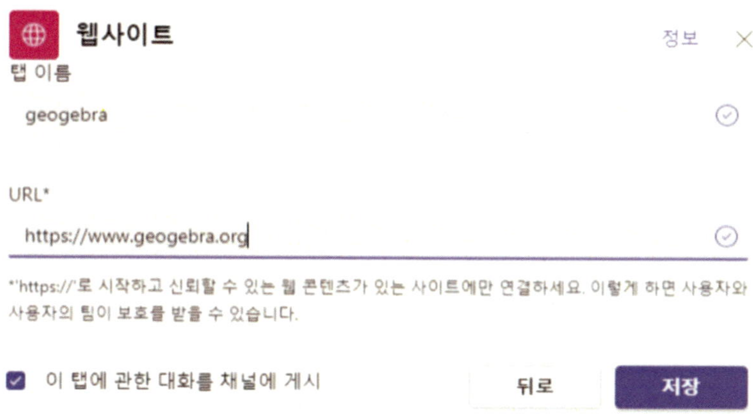

③ 나타나는 창에 유튜브 동영상 주소를 입력한다면 유튜브 채널도 게시할 수 있다.

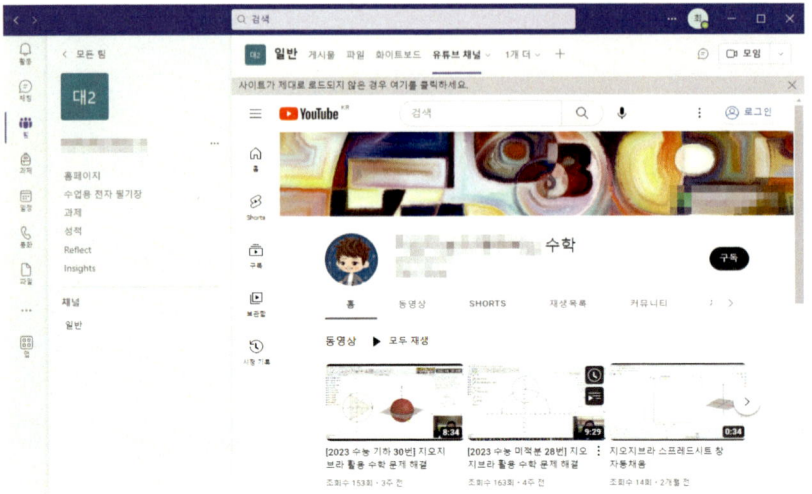

7 메타버스의 강의 지원 기능(1단계)

게더타운 공간 생성

① 게더타운에 로그인하면 그림과 같은 화면이 나타난다. [+ Create Space] 버튼을 클릭한다.

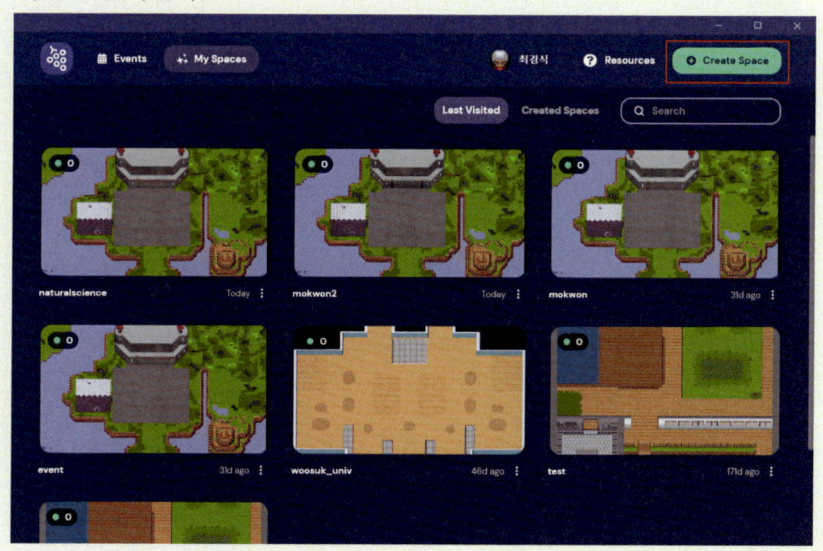

② 공간 템플릿이 나타난다. "Team social"을 선택한다.

③ 공간의 이름은 영어, 숫자 등으로 입력한다.

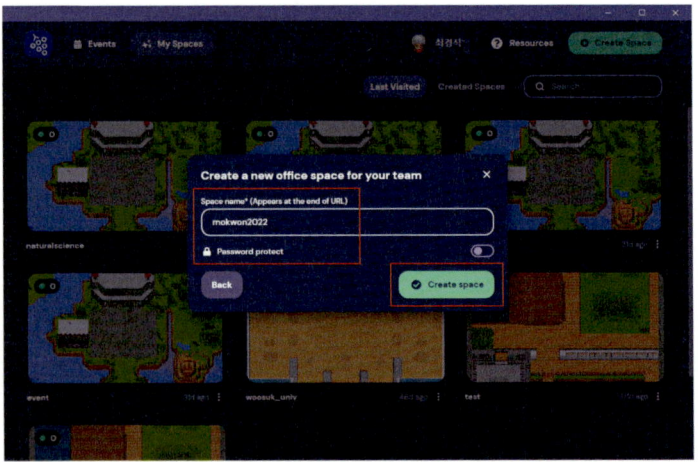

학습자 초대

① 만들어진 공간에서 [Invite] 버튼을 클릭한다.

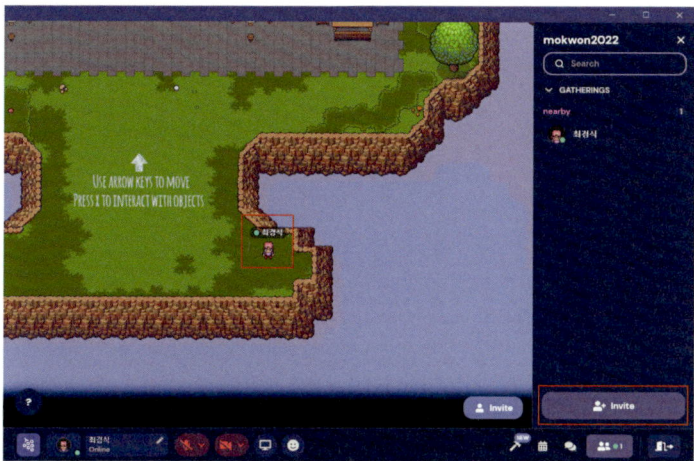

② 이메일로 초대하거나, 링크를 보내주는 방법이 있다. 실제 강의에서는 링크를 학습자들에게 카카오톡으로 보내주는 것이 편리하다.

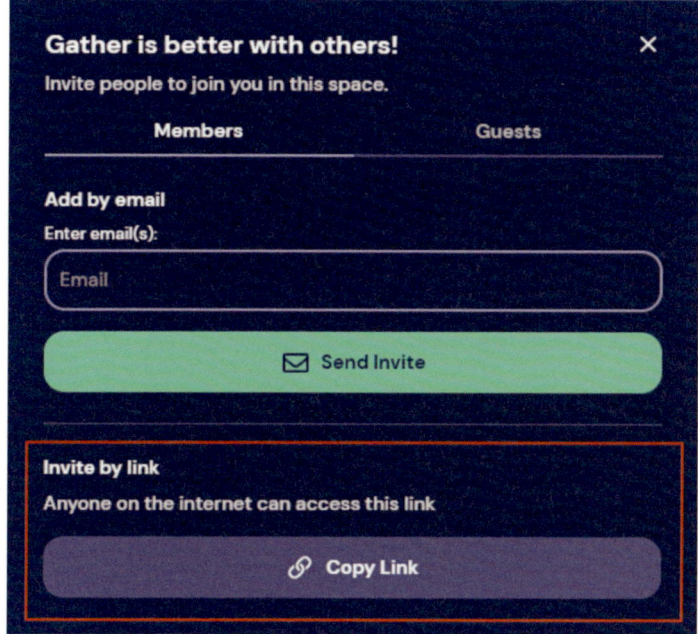

팀 구성원(학습자) 위치 찾기

게더타운은 물리적 속성을 반영하고 있는 가상공간이기 때문에 현실에서의 시간, 공간 개념이 적용된다. 즉, 현실에서 두 사람이 가까이 있어야 대화가 가능한 것처럼, 게더타운 공간 안에서는 두 아바타가 가까이 위치하고 있어야 화상회의가 가능하다. 따라서 찾고자 하는 대상이 어디 있는지 파악하는 것이 필요하다.

① 그림에서 또 다른 참여자(학습자)에 대하여 마우스 오른쪽 클릭을 하면 별도의 창이 나타난다.

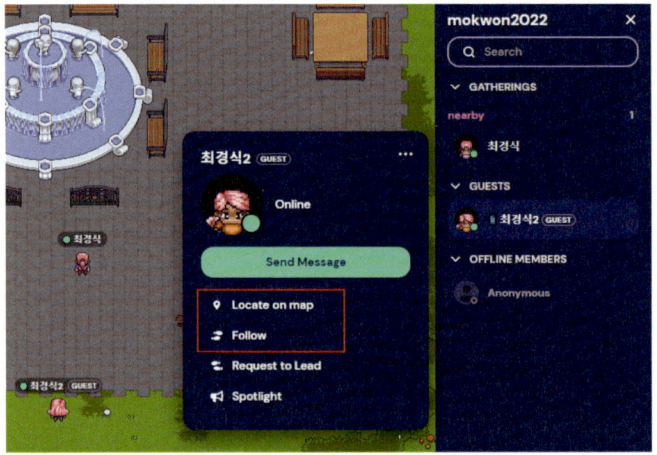

② [Locate on map]을 클릭하면 자신과 다른 참여자를 선으로 연결한다.

③ [Follow]를 클릭하면 자신이 다른 참여자에게 걸어서 위치한다.

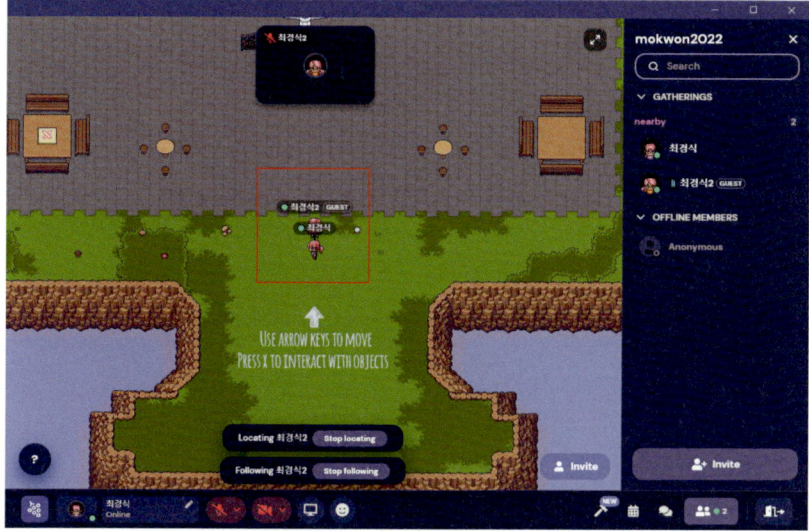

참여자(학습자)와 대화

① [Send Message]를 클릭하면 채팅창이 나타나 대화할 수 있다.

7 메타버스의 강의 지원 기능(1단계) | 55

② 그림에서 Chat 창이 나타나 대화한 모습이 나타난다. 또한 두 아바타가 가까이 위치하게 되면 화면에 나타난 것과 같이 화상 회의 창이 나타난다.

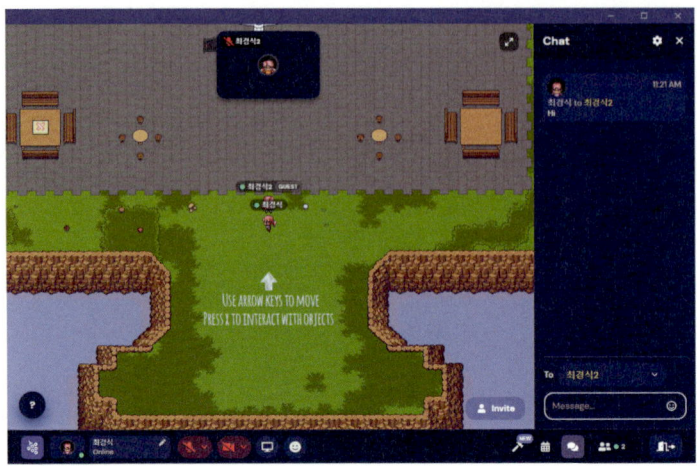

자료 화면공유

① 발표자(교수자 또는 발표자 학습자)가 수업의 다른 참여자에게 발표를 하기 위해서 [Screen share] 버튼을 클릭한다.

② 화면 상단에 공유할 화면을 선택하는 창이 나타난다. 자신이 공유하고 싶은 창을 선택하면 다른 사용자에게 화면이 공유된다.

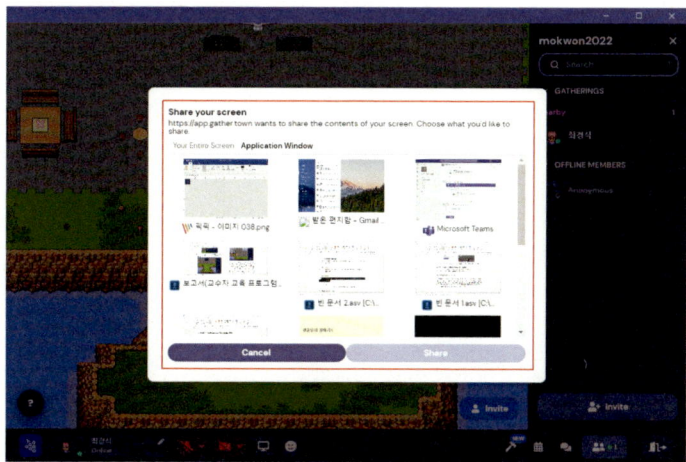

③ 게더타운 공간을 개설한 경우에는 자신에게 [Spotlight] 버튼을 클릭하면 모든 사람에게 자신의 말을 들리게 할 수 있다. 참여자가 발표할 경우에는 그 사람의 [Spotlight]를 활성화하면 된다.

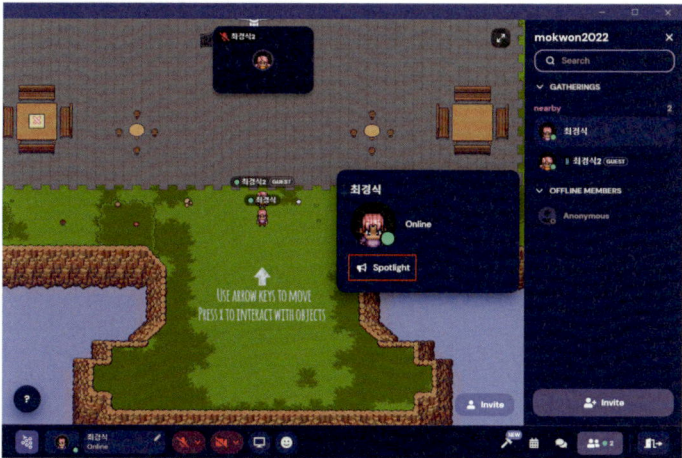

④ 개별적으로 [Spotlight]를 활성화하지 않고 공간의 특정 공간에 아바타를 위치시키면 자동으로 Spotlight 기능이 활성화되도록 할 수 있다.

8
메타버스의 실습 지원 기능(2단계)

메타버스 맵 편집

이번에는 2차원 메타버스인 ZEP에서 공간을 만들고 그 공간을 편집할 것이다.

① ZEP에 가입하고 로그인하면 다음과 같은 화면이 나타난다.

② "스페이스 만들기"를 클릭하면 다양한 템플릿 창이 나타난다. 교실을 선택한다.

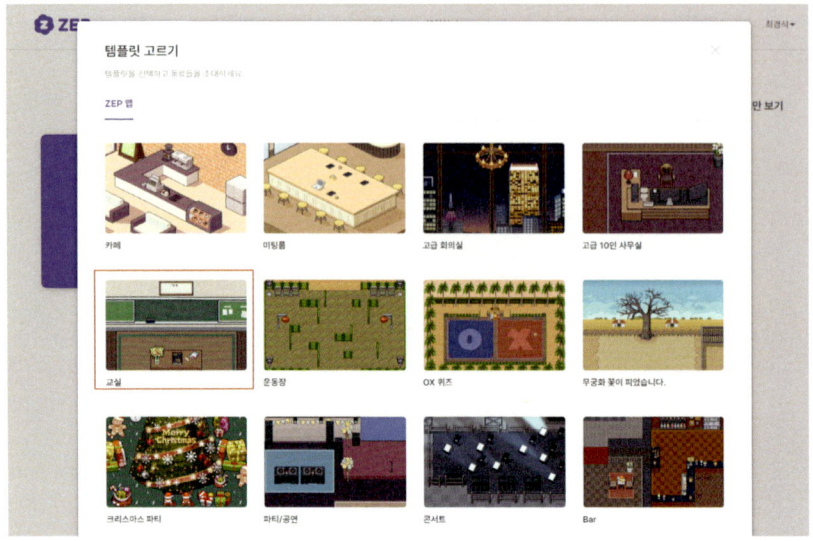

③ 스페이스가 만들어지고 그 안에 아바타가 나타났다.

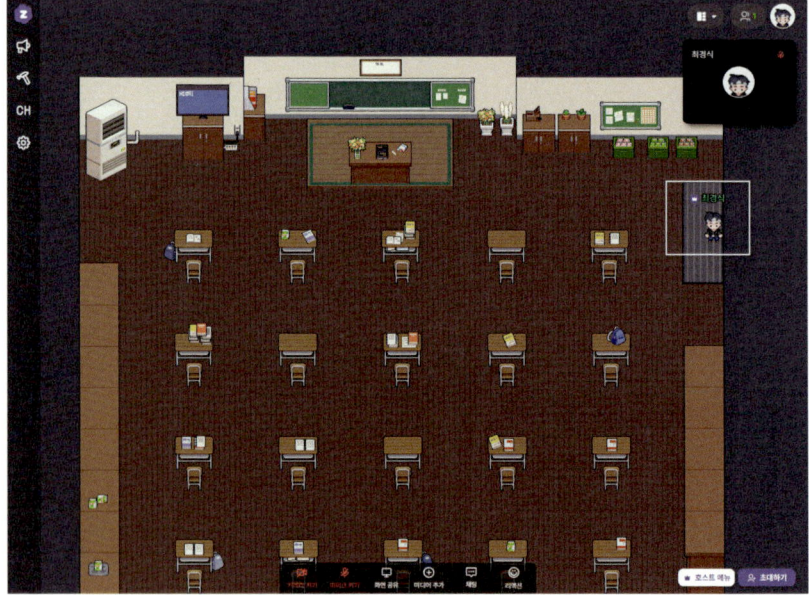

④ 동영상, 이미지 등의 자료를 추가하기 위해서는 아래의 "미디어 추가" 버튼을 누른다.

⑤ "타일 효과"를 선택한 후 "웹 링크"를 선택한다.

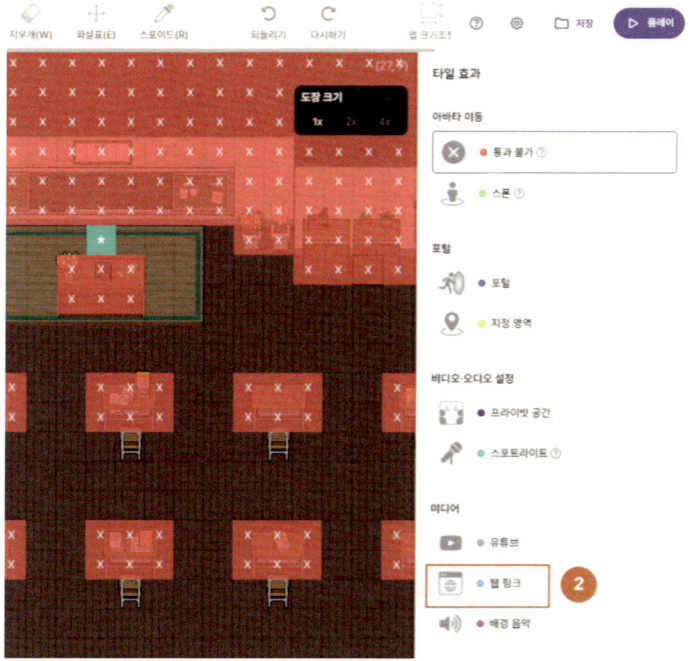

⑥ 웹 링크" 창에 링크 주소를 입력한다.

⑦ 원하는 곳을 클릭하여 웹 링크를 배치한다. 화면의 E라는 글자가 배치된 곳이 웹 링크이다.

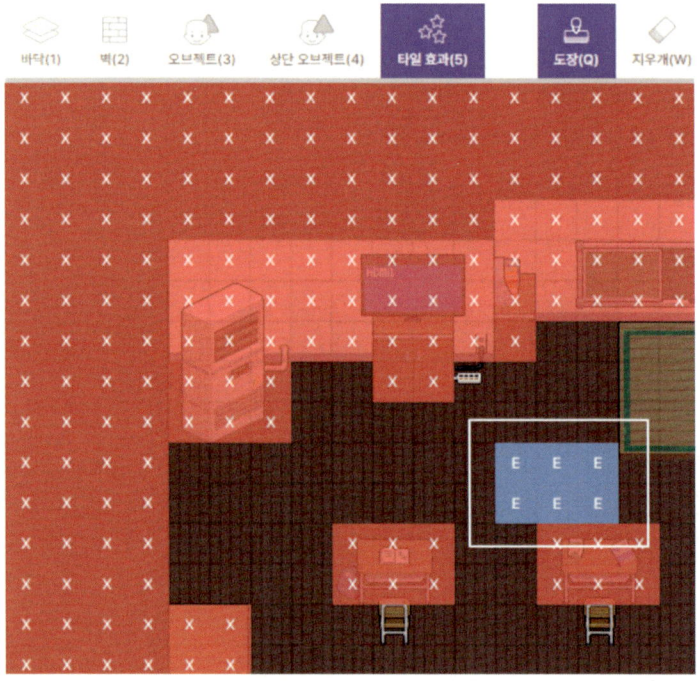

⑧ 화면에서는 그림과 같이 나타났다. F키를 누르면 웹 링크가 실행된다.

⑨ 웹 링크가 실행되어 수학 체험 자료가 나타났다.

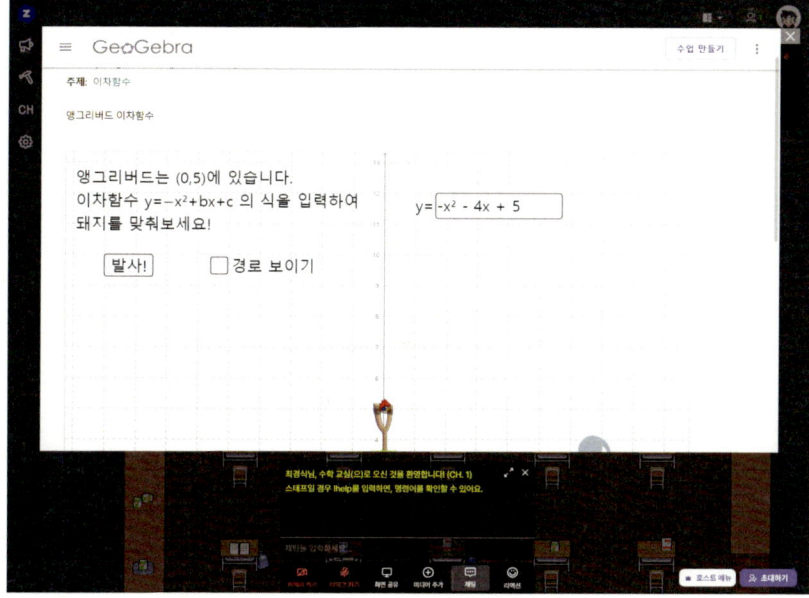

9
메타버스의 탐구 지원 기능(3,4단계)

사례 1: 메타버스와 문학 감상

3차원 메타버스인 코스페이시스 에듀를 사용하여 메타버스 상에 문학 작품 공간을 구성하고 이를 가상현실(VR)로 체험할 수 있다. 코스페이시스 에듀에 대한 기본적인 사용법을 대학교 2, 3학년 학생에게 지도한 후 자율적으로 조별 프로젝트를 진행하도록 안내하였다(최경식, 2022). 이때 학생들은 줌(Zoom)을 활용하여 강의에 참여하였고, 그들의 프로젝트 결과물을 코스페이시스 에듀에서 제작하여 조별로 제출하도록 하였다.

학생들 가운데 일부는 문학 작품의 공간을 설계하고 가상현실 속으로 들어가 문학을 감상하는 활동을 수행하였다. 그중 한 조는 윤동주 시인의 '자화상'의 배경 공간을 코스페이시스 에듀에서 설계하였다. 윤동주 시인의 자화상은 다음과 같다.

자화상

윤동주

산모퉁이를 돌아 논가 외딴 우물을 홀로 찾아가선 가만히 들여다봅니다.

우물 속에는 달이 밝고 구름이 흐르고 하늘이 펼치고 파아란 바람이 불고 가을이 있습니다.

그리고 한 사나이가 있습니다.

어쩐지 그 사나이가 미워져 돌아갑니다.

돌아가다 생각하니 그 사나이가 가엾어집니다. 도로 가 들여다보니 사나이는 그대로 있습니다.

다시 그 사나이가 미워져 돌아갑니다.

돌아가다 생각하니 그 사나이가 그리워집니다.

우물 속에는 달이 밝고 구름이 흐르고 하늘이 펼치고 파아란 바람이 불고 가을이 있고 추억처럼 사나이가 있습니다.

학습자들은 이 시의 배경이 되는 가상공간을 창조하기 위해서 다음 그림과 같이 '산모퉁이의 외딴 우물'을 만들고 그 안의 '사나이'를 창조하여 우물을 들여다보도록 하였다.

다음으로 '사나이'의 움직임을 블록 코딩을 이용하여 설계하였다. 마지막으로 카메라를 배치하고 시적 화자의 시선을 따라 화면이 나타나도록 하였다.

이와 같은 가상공간을 만든 학습자들은 가상공간에서 '자화상'의 시적 화자가 된 듯한 느낌을 받았다고 하였다. 특히 문학 감상에 대한 새로운 인식을 갖게 되었다고 하였다. 시적 공간을 가상공간으로 창조하고 그 안에서 체험하는 것을 경험한 학습자들은 인문계열 과목에서도 메타버스를 활용하면 더 효과적이라는 것을 이해하게 되었다.

'자화상'에서 화자가 우물 안을 들여다보는 모습

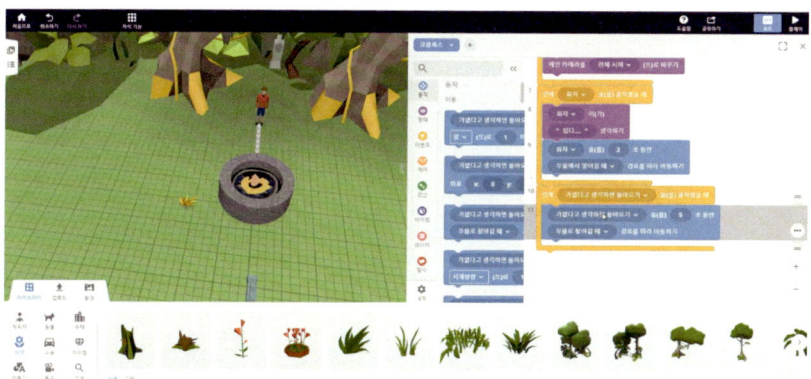

인물의 움직임과 카메라 시점을 블록 코딩으로 제어하는 모습(https://edu.cospaces.io/FAY-YQL)

9 메타버스의 탐구 지원 기능(3,4단계) | 67

사례 2: 메타버스와 역사-수학의 융합

코스페이시스 에듀에서 역사와 수학을 연계할 수도 있다(최경식, 2022). 먼저 모델링 소프트웨어(지오지브라)를 활용하여 다양한 우리나라 문화재를 모델링한다. 다음으로 코스페이시스 에듀의 메타버스 공간에 박물관을 만들고 그 안에 전시를 할 수 있다. 이때 모델링 소프트웨어에서 만든 3차원 모델을 코스페이시스 에듀에 업로드하기 위해서는 STL 파일 형식으로 저장해야 한다.

모델링 소프트웨어로 만든 한국의 문화 유산(https://www.geogebra.org/m/wehtqdub)

이와 유사한 사례로 El Bedewy et al.(2022)는 수학적 모델링의 과정을 활용하여 현실 속의 다양한 건축물 모델을 수학적으로 분석하고 3D 소프트웨어로 구현하였다. 이때 학생들은 실제 사물에 대한 수학적 모델(디지털 모델)을 구성하는 과정에서 수학적 공식을 탐구하였다. 또한 이는 3차원 공간에서 이루어지는 수학적 모델링으로 이후에 증강현실 또는 가상현실로 확장된 체험 활동이 이루어질 수 있다.

코스페이시스 에듀에서의 메타버스 박물관

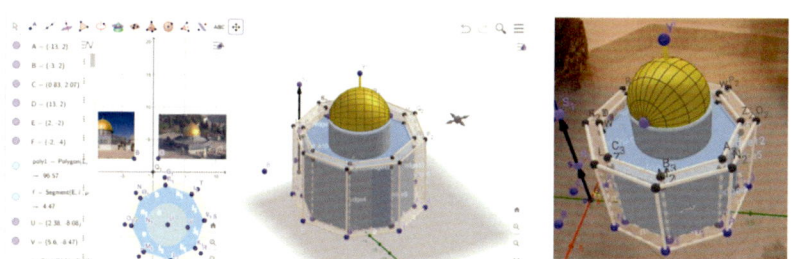

El Bedewy et al.(2022)의 모스크 건물을 수학적 모델링 한 모습

블렌디드 러닝을 위한 MS 팀즈와 메타버스 활용

맺음말

이 책에서는 Edu-Tech를 활용하여 강의를 진행하는 교수자의 TPACK 역량의 단계를 분석하고, 그에 따라 MS 팀즈와 메타버스의 활용에 대한 내용을 제시하였다.

교수자가 강의에서 Edu-Tech를 활용하는 것은 강의 내용을 준비하는 것만큼이나 큰 부담이 될 수 있다. 어떤 측면으로는 Edu-Tech 자료를 준비하는 것보다 강의 내용 준비에 더 많은 에너지를 쏟는 것이 더 나을지도 모른다.

그럼에도 현재 교육 환경은 매우 빠른 속도로 변화하여 각 강의실마다 하이브리드 강의가 가능하도록 시설이 갖추어지고 있다. 또한 디지털 네이티브인 학생들은 디지털화된 자료로 소통하는 데 매우 익숙하다. 이러한 시점에서 교수자의 Edu-Tech 활용 역량의 향상은 반드시 필요하다고 하겠다.

이 책에서는 Edu-Tech를 활용한 강의 형태인 블렌디드 러닝과 플립 러닝, 교수자의 테크놀로지 활용 역량인 TPACK에 대한 이론적인 검토를 하였다. 특히 TPACK의 경우에는 Niess et al.(2009)의 TPACK 발달 단계, 테크놀로지 구현 단계(LoTi), 테크놀로지 통합 매트릭스(TIM)을 종합적으로 검토한 후 0단계부터 4단계까지 다섯 단계로 TPACK 단계를 제시하였다.

또한 TPACK 단계에 따른 Edu-Tech 활용 수준을 구분하고, 각 TPACK 단계에 맞추어 MS 팀즈와 메타버스의 기능 항목을 구분하여 제시하였다.

이 책에 제시된 내용은 Edu-Tech 활용에 대한 가장 기초적인 내용이라고 볼 수 있다. 앞으로 Edu-Tech의 다양한 활용에 관하여 이 책이 교수자에게 도움을 제공할 수 있기를 바란다.

참고문헌

- 강명희, 박미순, 정지윤, 박효진 (2009). 웹 기반 프로젝트 학습에서 학습자 간 상호작용과 학습 실재감이 학습성과에 미치는 영향. 교육정보미디어연구 15(2), 67-85.
- 강영란 (2015). 계산기를 활용한 초등 수학 영재의 교실 활동에 관한 활동이론적 분석. 영남대학교 대학원 박사학위논문.
- 김지영 (2020). 러닝퍼실리테이션 가르치지 말고 경험하게하라. 서울: 플랜비디자인.
- 박나리 (2014). 온라인 토론학습에서 메시지 퍼실리테이션 유형이 상호작용, 학습실재감, 학습만족감에 미치는 효과. 중앙대학교 대학원 석사학위논문.
- 박영민, 박소영 (2020). MS 팀즈 수업 디자인. 서울: 프리렉.
- 백수정 (2013). 평생교육자의 퍼실리테이션 역량 진단 척도개발. 중앙대학교 대학원 박사학위논문.
- 이재원, 노태희, 이선경 (2017). 고등학생의 학교 과학 탐구 활동에서 나타나는 도구발생의 특징. 한국과학교육학회지, 37(6), 971-980.

- 이헌수 (2020). 대학 원격수업에 대한 교수자와 학습자의 인식-M 대학교 사례를 중심으로-. 한국학교수학회논문집, 23(3), 377-395.

- 최경식 (2022). 메타버스에서의 수학적 경험. 서울: 지오북스.

- 최영준 (2020). 비대면수업 운영과정과 어려움 분석을 통한 수업의 질 제고. 한국스포츠학회지, 18(4), 291-301.

- 한선미 (2017). 평생교육자의 퍼실리테이션 역량과 성인학습자의 비판적 사고 성향 관계. 교육종합연구 15(4), 1-25.

- Artigue, M. (2002). Learning Mathematics in a CAS Environment: The Genesis of a Reflection about Instrumentation and the Dialectics between Technical and Conceptual Work. International Journal of Computers for Mathematical Learning 7, 245-274.

- Carr, A. A., Jonassen, D. H., Litzinger, M. E., & Marra, R. M. (1998). Good ideas to foment educational revolution: The role of systematic change in advancing situated learning, constructivism, and feminist pedagogy. Educational Technology, 38(1), 5-14.

- Daniel, C. E., Douglas, N. G. & Roy, D. P. (1999). Addressing the challenges of inquiry-based learning through technology and curriculum design. Journal of the Learning Sciences, 8(3&4), 391-450.

- El Bedewy, S., Lavicza, Z., Haas, B., & Lieban, D. (2022). A STEAM Practice Approach to Integrate Architecture, Culture and History to Facilitate Mathematical Problem-Solving. Education Sciences, 12(1), 9.

- Ertmer, P. A., & Ottenbreit-Leftwich, A. T. (2010). Teacher technology change: How knowledge, confidence, beliefs, and culture intersect. Journal of Research on Technology in Education, 42(3), 255-284.

- Koehler, M. J., & Mishra, P. (2005). What Happens When Teachers Design Educational Technology? The Development of Technological Pedagogical Content Knowledge. Journal of Educational Computing Research, 32(2), 131–152.

- Koehler, M. J., Mishra, P., Hershey, K., & Peruski, L. (2004). With a little help from your students: A new model for faculty development and online course design. Journal of Technology and Teacher Education, 12(1), 25–55.

- Kang, M., Choi, H., & Park, S. (2007). Construction and validation of a Social Presence Scale for Measuring online Learners' Involvement. In C. Montgomerie & J. seale (Eds.), Proceedings of World Conference on Educational Multimedia, Hypermedia and Telecommunications 2007 (pp. 1829-1833). Chesapeake, VA: AACE.

- Koehler, M. J., Shin, T. S., & Mishra, P. (2012). How do we measure TPACK? Let me count the ways. In R. N. Ronau, C. R. Rakes, & M. L. Niess (Eds.), Educational technology, teacher knowledge, and classroom impact: A research handbook on frameworks and approaches (pp. 16-31). IGI Global.

- Mishra, P., & Koehler, M. J. (2006a). Designing learning from day one: A first day activity to foster design thinking about educational technology. Teachers College Record. Retrived fromhttps://www.punyamishra.com/wp-content/uploads/2013/11/Mishra-Koehler-Apollo13-firstday.pdf.

- Mishra, P., & Koehler, M. J. (2006b). Technological pedagogical content knowledge: A framework for teacher knowledge. Teachers College Record, 108(6), 1017–1054.

- Niess, M. L., Ronau, R. N., Shafer, K. G., Driskell, S. O., Harper, S. R., Johnston, C., Browning, C., Özgün-Koca, S. A., & Kersaint, G. (2009). Mathematics teacher TPACK standards and development model. Contemporary Issues in Technology and Teacher Education [Online serial], 9(1). https://citejournal.org/volume-9/issue-1-09/mathematics/mathematics-teacher-tpack-standards-and-development-model.

- Osborn, J., & Hennessy, S. (2003). Literature review in science education and the role of ICT: Promise, Problems and future directions. Bristol:

NESTA Futurelab Series. Shulman, L. S. (1986). Those who understand: Knowledge growth in teaching. Educational Researcher, 15(2), 4-14.

- Shulman, L. S. (1987). Knowledge and teaching: Foundations of the new reform. Harvard Educational Review, 57(1), 1-22.
- Trouche, L. (2005). An Instrumental Approach to Mathematics Learning in Symbolic Calculator Environments. In Guin, D., Ruthven, K., Trouche, L. (Eds.), The Didactical Challenge of Symbolic Calculators. Mathematics Education Library, vol 36. Boston, MA: Springer.
- Slater, M., & Usoh, M. (1993). Presence in immersive Virtual environments. In Virtual reality annual international symposium (pp. 90-96), Seattle, WA, USA.
- Verillon, P., & Rabardel, P. (1995). Cognition and Artifacts: A Contribution to the Study of Though in Relation to Instrumented Activity. European Journal of Psychology of Education, 10(1), 77–101